「日本国勢図会」ジュニア版　　第55版

日本のすがた 2024

最新データで学ぶ
社会科資料集

JN064060

公益財団法人 矢野恒太記念会 編集・発行

G7広島サミット 2023年5月19日から21日に、G7広島サミットが開かれました。G7とはフランス、アメリカ合衆国、イギリス、ドイツ、日本、イタリア、カナダのことです。1年に1回G7サミットを開き、各国の首脳がその時々の重要な課題について話し合います。今回のサミットでは、平和記念資料館を訪問し、原爆の被爆者と面会しました。唯一の被爆国である日本に残された当時の資料を見学し、核兵器のない世界に向けてG7としての意識を共有しました。最終日にはゲスト国としてウクライナのゼレンスキー大統領も参加し、昨年から続いているロシアによるウクライナ侵攻について話し合われました。写真は平和記念公園で献花を行ったG7首脳（PA Images/時事通信フォト提供）。

続く物価高　2022年以降、ロシアのウクライナ侵攻による原油・原材料価格の高騰や、円安などが原因で、物価高が続いています。23年1月の消費者物価指数（生鮮食品を除く）の前年同月比はプラス4.2％で、41年4か月ぶりの高さでした。ガソリン価格は、9月に過去最高値を更新しました。価格を抑えるため、政府は石油会社に補助金を出しています。写真は、レギュラー1リットル193円を示すガソリンスタンドの価格表示（時事提供）。

第5回WBC（ワールド・ベースボール・クラシック）で侍ジャパンが優勝　2023年3月に行われた第5回WBCで、日本代表「侍ジャパン」が優勝しました。優勝は3回目で、第2回大会が行われた2009年以来です。大会のMVP（最優秀選手）には、投打で活躍した大谷翔平選手が選ばれています。選手たちの活躍に、日本中が大いに盛り上がりました。写真は優勝を祝う侍ジャパンの選手やスタッフ（Photo by Kyodo News/Getty Images）。

藤井聡太棋士、史上初の「八冠」達成

2023年10月、将棋の八大タイトルの1つである「王座戦」が行われ、藤井聡太七冠が、永瀬拓矢王座との五番勝負を三勝一敗で制し、将棋界で初となる八冠独占を達成しました。藤井八冠は2020年の棋聖戦で史上最年少タイトル（17歳11か月）を獲得し、2023年6月には史上最年少名人（20歳10か月）となり王座以外の七つのタイトルを保有していました。写真は、王座を奪取し、史上初の全八大タイトル制覇に笑顔の藤井聡太八冠（時事提供）。

イスラム組織「ハマス」とイスラエルの軍事衝突　2023年10月7日、中東のパレスチナ自治区でガザ地区を実効支配するイスラム組織「ハマス」が、イスラエル領域に軍事侵攻して攻撃を仕掛けました。イスラエルはそれに反撃し、ガザ地区全土に激しい空爆を行っています。写真は、イスラエル軍に襲撃されたガザ地区中央部の難民キャンプで、犠牲者を探索するパレスチナ人（dpa/時事通信フォト提供）。

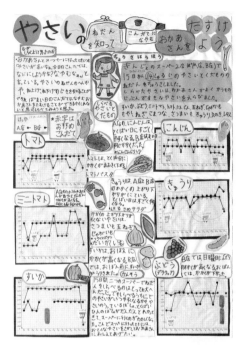

矢野恒太記念会では、皆さんが統計に興味を持って、統計データで分かりやすく表現することに親しんでいただくために、「統計グラフ全国コンクール」に協賛しています。

小学校1・2年生の部　特選

富山県　砺波市立砺波北部小学校
2年　水戸椋太郎さん

「やさいのねだんを知ってこんだてになやむおかあさんをたすけよう」

　お母さんの献立づくりを助けるため、近所のスーパー2店の野菜や果物の値段をしらべました。2店の15日間の値段の動きを分かりやすいグラフで表して、メリハリのある構成になっています。また、各野菜で作れるおすすめの献立も紹介され、見る人が楽しめるような工夫がされています。

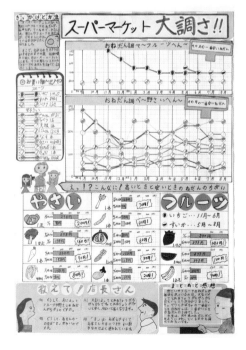

小学校3・4年生の部　特選

愛媛県　松山市立さくら小学校
3年　阪本茉莉さん

「スーパーマーケット大調さ!!」

　野菜や果物の値段が毎回違う理由を知りたくて、スーパーマーケットの各月の日曜日の値段を、1年間しらべました。値段の変化をグラフで表し、最も高いときと安いときの金額を示しています。さらに、店長さんへのインタビューで、とれる量が多いと値段が安く、少ないと高いことがわかりました。

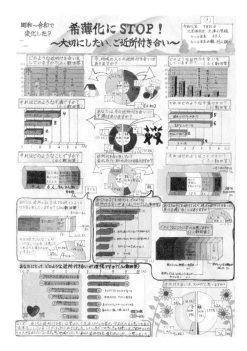

小学校5・6年生の部　特選

茨城県　北茨城市立関本小学校
5年　角場小羽音さん
茨城県　北茨城市立大津小学校
5年　小峰樹月さん

「昭和〜令和で変化した？希薄化に STOP！〜大切にしたい、ご近所付き合い〜」

　ご近所付き合いについて、北茨城市立大津小学校の4〜6年生と、その親を対象にした調査です。左に子ども、右に親の調査結果を表す工夫がされています。子どもが外で遊ばなくなるなど、ご近所付き合いが希薄化していますが、ほとんどの人がご近所付き合いを大切だと思っていることが分かりました。

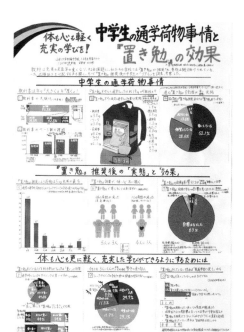

中学生の部　特選

山形県　山形大学附属中学校
2年　富樫晃仁さん

「体も心も軽く充実の学びを！　中学生の通学荷物事情と「置き勉」の効果」

　中学生の教科書は、大型化して重くなりました。作者が通う学校では、通学荷物を減らす置き勉が推奨されています。その効果を調査した結果、置き勉で多くの人が身体への負担が減ったと感じていました。学習への影響を心配する声もありますが、悪い影響があったと答える人は少ないことも分かりました。

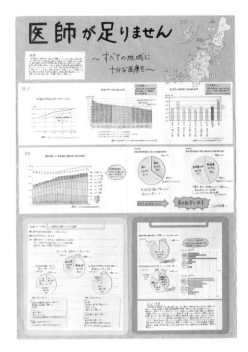

高校生・一般の部　特選

新潟県　新潟県立新潟高等学校
2年　園田かづはさん、姉崎佳音さん
　　　片桐萠珈さん、髙杉奈央さん
　　　滝沢こはるさん

「医師が足りません　～すべての地域
に十分な医療を～」

　新潟県では医師不足の地域が多く、診療体
制の縮小などがみられます。現状では地元大
学の医学部卒業生の半数以上が県外に出てい
ますが、医師を目指す高校生は医師不足の地
域での勤務に前向きです。ただし、生活環境
や専門医取得などを懸念する声もあり、問題
解決にはこれらの解消が必要としています。

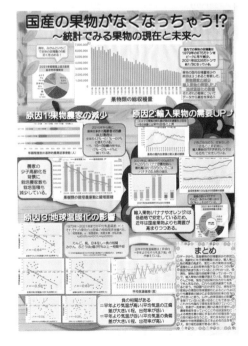

パソコン統計グラフの部　特選

愛知県　名古屋大学教育学部附属高等学校
1年　青木耀さん

「国産の果物がなくなっちゃう!?
　～統計でみる果物の現在と未来～」

　日本の果物の生産量の減少について、統計
をもとに原因を考察しています。少子高齢化
による農家数や栽培面積の減少のほか、国産
果実が安価な輸入果物に押されている現状を
データで示しました。さらに、平均気温偏差
と出荷率との相関関係を導き、一部に地球温
暖化の影響がみられる点を指摘しています。

SUSTAINABLE DEVELOPMENT GOALS

SDGs(Sustainable Development Goals：持続可能な開発目標)とは、人々が安心して暮らし続けられる世界を実現するための、世界共通の目標です。2015年の国連サミットで採択され、2030年までの達成を目指しています。SDGsは、貧困や不平等、感染症、環境問題といったさまざまな課題に関する、17のゴール（大きな目標）と169のターゲット（ゴールを達成するための小さな目標）で構成されています。すべての国と人が、目標に向けて行動することが求められています。外務省のウェブサイト「JAPAN SDGs Action Platform」には、より詳しい情報が載っています。

ゴール3　あらゆる年齢のすべての人が健康的な生活を送れるようにし、福祉を促進する

ゴール4　誰ひとり取り残さず、すべての人が公平で質の高い教育を受けられるようにし、生涯にわたって学習できる機会を促進する

ゴール5　性別による不平等をなくし、すべての女性や女児が自分で人生を決めて能力を発揮できるようにする

ゴール1　あらゆる場所、あらゆる形の貧困を終わらせる

ゴール6　すべての人が水と衛生施設を利用できるようにして、それを持続的に管理していく

ゴール2　飢餓を終わらせ、すべての人の食料を安定的に確保して、栄養状態を改善するとともに、持続可能な農業を促進する

ゴール7　すべての人が、安く信頼できる、持続可能で近代的なエネルギーにアクセスできるようにする

 ゴール8　誰ひとり取り残さず持続的に経済成長し、すべての人が能力に合った働きがいのある人間らしい仕事につけるようにする

 ゴール13　気候変動や、その影響に立ち向かうための緊急対策をとる

 ゴール9　強くしなやかなインフラをつくり、誰ひとり取り残さず持続可能な産業化を推進し、イノベーションを促進する

 ゴール14　海や海洋資源を守り、持続可能な形で利用する

 ゴール10　国と国や、国内にある不平等を改善する

 ゴール15　陸上の生態系や森林の保護や回復、持続可能な利用を促進し、砂漠化や土地の劣化、生物多様性の損失を阻止する

 ゴール11　都市や住まいを、誰ひとり取り残さず、安全で災害に強く、持続可能なものにする

 ゴール16　平和で誰ひとり取り残さない社会を促進し、すべての人が司法制度を利用でき、効果のある法律や制度で守られるようにする

 ゴール12　持続可能な形で物を生産し、消費するパターンを確保する

 ゴール17　持続可能な開発のために、実施手段を強化し、世界中の国や人々が活発に協力し合う

17のゴールの説明は、「持続可能な開発のための2030アジェンダ」原文や、外務省の仮訳を参考に、分かりやすく意訳したものです。

資料を提供していただいた諸団体（50音順）

衛星放送協会、Energy Institute、キャッシュレス推進協議会、原子力安全推進協会、国際自動車工業連合会、古紙再生促進センター、サイバーエージェント、産業タイムズ社、世界鉄鋼協会、石油化学工業協会、セメント協会、全国出版協会・出版科学研究所、全国たばこ耕作組合中央会、大日本蚕糸会、WSTS日本協議会、デジタルコンテンツ協会、電気事業連合会、電子情報技術産業協会、電通、日本原子力産業協会、日本自動車工業会、日本自動車輸入組合、日本新聞協会、日本製紙連合会、日本繊維輸入組合、日本通信販売協会、日本鉄鋼連盟、日本フランチャイズチェーン協会、日本放送協会、日本ロボット工業会
（株式会社、社団法人等の名称は省略しました）

版　歴

第1版	1970年9月発行	第21版	1990年3月発行	第41版	2010年3月発行
第2版	1971年3月発行	第22版	1991年3月発行	第42版	2011年3月発行
第3版	1972年3月発行	第23版	1992年3月発行	第43版	2012年3月発行
第4版	1973年3月発行	第24版	1993年3月発行	第44版	2013年3月発行
第5版	1974年3月発行	第25版	1994年3月発行	第45版	2014年3月発行
第6版	1975年3月発行	第26版	1995年3月発行	第46版	2015年3月発行
第7版	1976年3月発行	第27版	1996年3月発行	第47版	2016年3月発行
第8版	1977年3月発行	第28版	1997年3月発行	第48版	2017年3月発行
第9版	1978年3月発行	第29版	1998年3月発行	第49版	2018年3月発行
第10版	1979年3月発行	第30版	1999年3月発行	第50版	2019年3月発行
第11版	1980年3月発行	第31版	2000年3月発行	第51版	2020年3月発行
第12版	1981年3月発行	第32版	2001年3月発行	第52版	2021年3月発行
第13版	1982年3月発行	第33版	2002年3月発行	第53版	2022年3月発行
第14版	1983年3月発行	第34版	2003年3月発行	第54版	2023年3月発行
第15版	1984年3月発行	第35版	2004年3月発行	第55版	2024年3月発行
第16版	1985年3月発行	第36版	2005年3月発行		
第17版	1986年3月発行	第37版	2006年3月発行		
第18版	1987年3月発行	第38版	2007年3月発行		
第19版	1988年3月発行	第39版	2008年3月発行		
第20版	1989年3月発行	第40版	2009年3月発行		

まえがき

　この本は、日本の社会のあらましや、世界の中での日本の位置を、さまざまな統計データであらわした社会科資料集です。おもに小学5年生から中学生を対象にしていますが、みなさんが知っておいたほうが良いと考えることがらを取り上げたので、財政や金融など、少し難しい内容もあります。最新データで学習してもらいたいという思いから、できる限り新しいデータを掲載しています。そのため、コンパクトな統計データブックとして活用する大人の読者がたくさんいる本です。

　コロナ禍がひと段落して、社会が正常化してきています。しかし、物価高などさまざまな問題があらわれてきました。この本のさまざまなデータで、こうした社会の動きをみてもらえたらと思っています。

　この本で皆さんが楽しく学んで、社会に関心を持つきっかけになればうれしいです。

2024年1月

公益財団法人　　矢野恒太記念会

編 集 長　　岡 田 康 弘

正誤表について　本書の内容の訂正は、矢野恒太記念会のウェブサイトでお知らせしています。
URL：https://yt-ms.jp/

もくじ

おことわり

▲表の中の記号について

　　― は全くないものや、当てはまる数字がないものです。

　　0 は表している単位に満たないものです。全くないわけではない
　　　のですが、その単位以下で四捨五入して、0になるものです。

　　… は数字が分からないものです。

▲単位は計量法に基づく法定計量単位を使用しています。重量単位
　tはメートル法によるトン（1000kg）です。

▲合計と内訳を足し合わせた数が同じにならない場合があります。
　これは、それぞれで数字を四捨五入しているためです。

▲構成比（％）の内訳は、その他の項目がある場合を除き、合計が
　100％になるようには調整していません。

▲年次は西暦を使いました。「年度」とあるもの以外は暦年（1月
　から12月まで）です。「年度」は、特に注意書きのないものは会
　計年度を示していて、その年の4月から翌年3月までです。

▲掲載しているデータは、編集時点での最新のものを使用していま
　すが、その後訂正されることがあります。

▲ただ中国とある場合には、台湾省および香港特別行政区、マカオ
　特別行政区をふくみません。

アンケートのお願い　本書へのご意見、ご感想は、とじこみの
郵便はがきのほか、下記のウェブサイト（右の二次元コード）
でも受け付けております。皆様のご意見をお待ちしています。
　　URL：https://yt-ms.jp/q/sugata2024/

第1章
国土と人口

2024年1月1日、石川県能登地方でマグニチュード7.6の大きな地震が発生しました。石川県志賀町では震度7の非常に激しい揺れを観測し、被害は新潟県や富山県にも広がりました。この地震で、石川県の輪島市、珠洲市、穴水町を中心に、多くの方々が亡くなっています。道路が寸断されて集落が孤立するなかで、懸命の救助活動や被災者への支援が行われました（写真は共同通信社提供）。

第1章／国土と人口

1

国土のようす

日本の位置

　日本は、ユーラシア大陸の東のふちにそって、弓の形にのびた島国です。北端は北方領土の択捉島で、その先にはオホーツク海が広がっています。南端は沖ノ鳥島、東端は南鳥島で、ともに東京都に属していますが、東京から遠く離れた広大な太平洋上にうかぶ島です。西端は沖縄県の与那国島で、そのすぐ先には台湾があります。日本は、ほかの国と陸地でつながっていません。国土のすべてが、海に囲まれています。

① 日本のまわり

北方領土問題

　北方領土（国後島、択捉島、色丹島、歯舞群島）は日本固有の領土です。しかし、第二次世界大戦末期に旧ソ連（ロシアなど15の国で構成）が占領し、現在もロシアが実効支配しています。

日本の領域

国の主権（外国から干渉されず、自ら国を治める権利）がおよぶ範囲を領域といいます。領域は、陸地の部分である領土と、その周りの海である領海、その上空の領空からなります。領海は、沿岸から12海里（1海里＝1852m）以内と、国連海洋法条約で定められています。領海の外側の、沿岸から24海里以内の部分を接続水域といい、警察や関税など、沿岸国の主権の一部がおよびます。さらに、接続水域の外側の、沿岸から200海里以内の部分を排他的経済水域といい、沿岸国は、漁業や鉱物資源の開発などの権利を有します。

日本の排他的経済水域は約447万km²（領海と接続水域をふくむ）です。排他的経済水域の外側でも、海底の地形や地質が沿岸から続いている場合は、延長大陸棚とすることができます。延長大陸棚では、鉱物資源の開発や管理が認められています。

②領海と排他的経済水域

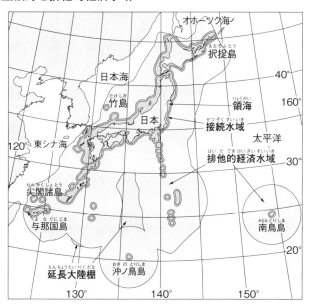

日本の領土の北の端は択捉島（北海道）北緯45度33分、南の端は沖ノ鳥島（東京都）北緯20度25分、東の端は南鳥島（東京都）東経153度59分、西の端は与那国島（沖縄県）東経122度56分です。
排他的経済水域の外側は公海といいます。公海はすべての国が自由に利用できます。

面積と地方区分

日本の面積は、およそ38万km²です。先進国の中ではドイツと同じくらいの広さで、世界で最も面積が大きいロシアの約45分の1、アメリカ合衆国の約26分の1にあたります。

日本は、北海道、本州、四国、九州の4つの大きな島と、およそ1万4000もの小さな島々からなります。最も大きい本州は、世界の島の中で7番目に広い面積を持ちます。国土は、北から北海道、東北、関東、中部、近畿、中国、四国、九州の8つの地方に分けられます。この地方区分は、地理的な分け方によるものです。行政上の区分は、1都（東京都）、1道（北海道）、2府（大阪府、京都府）、43県の47都道府県です。都道府県で最も北にある北海道から、最も南の沖縄県までの距離は、約3000kmです。各都道府県はさらに、792市、743町、183村と、東京23区に分けられます（2023年末現在）。

③日本の面積と地方区分
（2022年10月1日現在）

国土地理院「全国都道府県市区町村別面積調」より作成。

山地の多い国土

　日本の地形は起伏が激しく、国土のおよそ４分の３を山地（丘陵地を含む）がしめています。中央を走る背骨のような山脈が、国土を太平洋側と日本海側に分け、地域ごとの気候の違いに影響をあたえています。

　山地の多くは、火山活動によってできたものです。日本には火山が多く分布し、活火山（およそ１万年以内に噴火したか、現在も活発な活動がある火山）は111あります（2023年末現在）。

④ 国土の地形区分

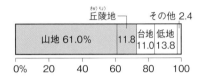

総務省「日本統計年鑑」(2016年) より作成。「国土数値情報作成調査」(1982年度) が基になっています。丘陵地とは、山地のうち、低地からの高さが約300メートル以下のもの。

⑤ 日本の山地・山脈とおもな火山の分布

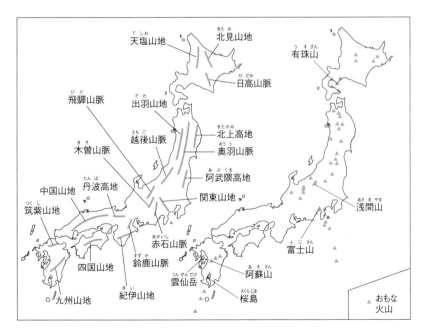

川と平地

日本の川の多くは、国土の中央にある山地から海に向かって流れています。日本は、山地が海岸近くまでせまっているため、川が短く急勾配で、流れが速いのが特徴です。また、雨が降ると、上流に降った雨が一気に海へ流れるため、川の水量が急増します。そのため、梅雨や台風の時期は、洪水になりやすいです。

平野は、多くが川沿いや河口あたりにできています。これは、川が上流で山を削り、運ばれた土砂が下流に積もって平野となるためです。日本の平野は、外国に比べると規模が小さいです。平野のほか、山地に対して標高が低い平地には、山に囲まれた盆地や、平野より一段高い台地などがあります。

6 日本のおもな川

川の名前	流域面積 (km²)	長さ (km)
利根(とね)川	16 840	② 322
石狩(いしかり)川	14 330	③ 268
信濃(しなの)川	11 900	① 367
北上(きたかみ)川	10 150	⑤ 249
木曽(きそ)川	9 100	227

国立天文台「理科年表2024」より作成。円内の数字は川の長さの順位。長さの4位は天塩(てしお)川の256キロメートル。

7 日本のおもな川と平野

海岸とまわりの海

　日本列島は、大小約1万4000の島々からなっています。このため、国土面積に比べて海岸線が長く、変化にとんでいます。太平洋側の海岸は出入りが多く複雑です。三陸海岸や志摩半島では、リアス海岸と呼ばれる地形がみられ、入り江や湾が多いです。一方、日本海側の海岸は出入りが少なく、鳥取県や新潟県では、なだらかな砂丘がみられます。

　日本のまわりの海には、太平洋側を南から北へ日本海流（黒潮）と呼ばれる暖流が流れ、北から南へは千島海流（親潮）という寒流が流れています。一方、日本海側には、暖流の対馬海流と、寒流のリマン海流が流れています（13ページ参照）。日本の近海は、暖流と寒流がぶつかるとても良い漁場になっています。

リアス海岸
　浸食された山地が地殻変動で沈下し、そこに海水が入りこみ、入り江や湾など出入りのはげしい海岸線をなしている地形。三陸海岸や若狭湾など。

日本のおもな湖

　日本には多くの湖があります。その成り立ちは、火山活動や地殻変動によってできたもの、川がせき止められてできたもの、人の手によって作られたものなどさまざまです。最も面積が大きい湖は滋賀県の琵琶湖で、滋賀県の面積の約6分の1にあたります。2番目は茨城県の霞ヶ浦で、以下、北海道のサロマ湖、福島県の猪苗代湖、島根県と鳥取県にまたがる中海と続きます。このうち、琵琶湖、霞ヶ浦、猪苗代湖の水は、淡水（塩分をほとんど含まない水）ですが、サロマ湖と中海の水は、汽水といって、海水と淡水がまざったものです。最も深い湖は秋田県の田沢湖で、深さは平均で280m、一番深い部分で423mあります。最も透明な湖は北海道の摩周湖で、透明度（水面から見たときに、何m下まで見えるか）は28mです（数値は国立天文台「理科年表」による）。

日本の大きな湖

湖の名前	都道府県	面積（km²）
琵琶湖（びわこ）	滋賀	669
霞ヶ浦（かすみがうら）	茨城	168
サロマ湖（さろまこ）	北海道	152
猪苗代湖（いなわしろこ）	福島	103
中海（なかうみ）	島根・鳥取	86

国立天文台「理科年表2024」より作成。

土地利用

　山地の多い日本では、森林が国土面積全体の３分の２近くをしめています。森林の割合は、ここ45年で少し低下したものの、大きくは変わっていません。日本では、森林を伐採した場合、木を植えるなどして再生することが決められているからです。一方、農地の割合は年々減少し

ており、宅地（建物用の土地）や道路の割合は増加しています。これは、人口の増加や都市化によって、農地が住宅地や道路に転換されてきたためです。人口が集中している３大都市圏（東京圏、大阪圏、名古屋圏）では、この傾向がより強く表れています。ただし、近年は人口減少に伴い、住宅地などに転換される農地の面積は減少傾向にあります。

8 土地利用の変化

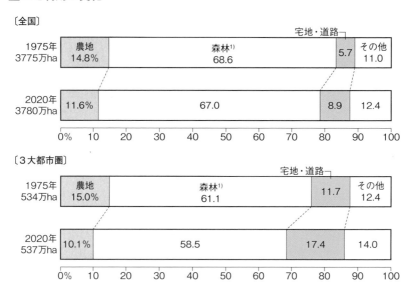

〔全国〕

	農地	森林1)	宅地・道路	その他
1975年 3775万ha	14.8%	68.6	5.7	11.0
2020年 3780万ha	11.6%	67.0	8.9	12.4

〔３大都市圏〕

	農地	森林1)	宅地・道路	その他
1975年 534万ha	15.0%	61.1	11.7	12.4
2020年 537万ha	10.1%	58.5	17.4	14.0

国土交通省「土地白書」より作成。割合は原資料通りの四捨五入された数値で、合計が100％にならない場合があります。1) 原野等をふくみます。

第1章／国土と人口

2
気候の特色

変化にとんだ気候

　日本は、世界の気候区分でみると、大部分が温帯（温暖湿潤気候）に属しています。温帯は中緯度の地域に多い気候で、他の気候に比べて気温がおだやかで過ごしやすく、四季の変化がはっきりしています。

　日本の国土は南北に長いため、北と南で大きく気温に差があります。また、海に囲まれ、中央を山脈が走っているため、海流や季節風の影響を受けやすく、太平洋側と日本海側、沿岸部と内陸部など、細かい地域によっても気候に違いがみられます。

1 日本近海の海流

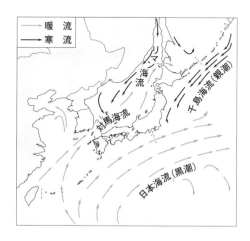

日本の気候区分

北海道の気候 夏は涼しく、冬は寒さが厳しくなります。1年を通じて降水量が少なく、梅雨や台風の影響をほとんど受けません。

日本海側の気候 冬は大陸から北西の季節風がしめった空気を運んできて、雪が多くなります。夏は晴れた日が多く、気温も高くなります。

内陸性の気候 季節風の影響を受けにくく、1年を通じて降水量が少ないです。夏と冬、昼と夜の気温の差が大きいのが特徴です。

太平洋側の気候 夏は海からの南東の季節風の影響を受け、雨が多くて蒸し暑くなります。冬は山越しの北西の季節風により、晴れて乾燥した日が多くなります。東北地方では、夏に海から濃い霧が入ってくることがあります。九州東南部、四国南部、紀伊半島南部の南海地方は、台風の影響を受けやすく、夏は降水量が多いですが、冬は暖かく、過ごしやすい気候となります。

瀬戸内の気候 北の中国山地と南の四国山地に囲まれて、季節風の影響が少ないです。このため、年間を通して晴れた日が多く、雨が少ないです。

南西諸島の気候 亜熱帯の気候ともいわれ、沖縄・奄美群島、小笠原諸島がふくまれます。1年を通じて気温が高く、霜や雪はみられません。

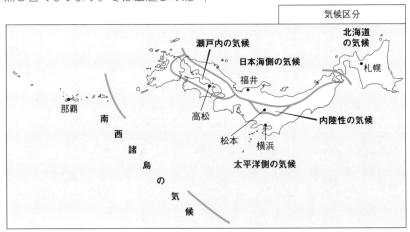

気候区分

瀬戸内の気候
日本海側の気候
北海道の気候
札幌
福井
那覇
南西諸島の気候
高松
内陸性の気候
松本　横浜
太平洋側の気候

②日本各地の気温と降水量 （月平均）（1991年から2020年までの平均値）

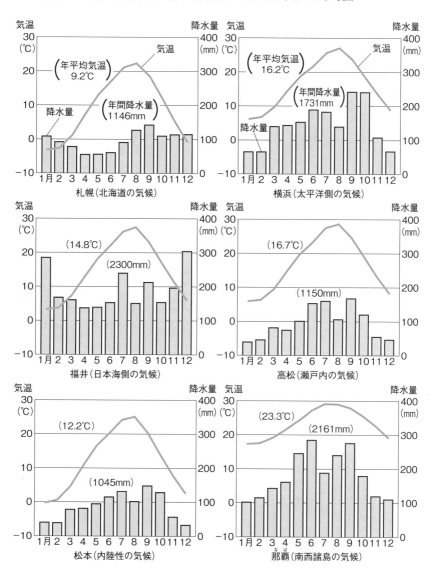

札幌（北海道の気候）
年平均気温 9.2℃
年間降水量 1146mm

横浜（太平洋側の気候）
年平均気温 16.2℃
年間降水量 1731mm

福井（日本海側の気候）
（14.8℃）
（2300mm）

高松（瀬戸内の気候）
（16.7℃）
（1150mm）

松本（内陸性の気候）
（12.2℃）
（1045mm）

那覇（南西諸島の気候）
（23.3℃）
（2161mm）

国立天文台「理科年表2024」より作成。

3
自然の災害

いろいろな災害

日本は、その位置や地形、気候などの特徴によって、さまざまな自然災害が起きやすい国です。2つのプレート（地球の表面を覆う岩の層）の境目に位置しているため、地震が多く、火山が多いため噴火も起きやすいです。また、季節ごとの変化が大きい温帯の気候から、大雨や台風による被害が発生しやすく、山地が多く川が急なため、洪水や土砂災害を引き起こすことも多いです。

1 おもな地震と台風

年　　月	地震・台風の名前	地域	死者・行方不明者（人）	こわれた建物（棟）*
1923. 9	関東大震災（M7.9）	関東南部	約105 000	1) 約423 000
1934. 9	室戸（むろと）台風	九州～東北	3 036	92 740
1945. 9	枕崎（まくらざき）台風	西日本（特に広島）	3 756	89 839
1948. 6	福井地震（M7.1）	福井平野	2) 3 769	1) 51 851
1954. 9	洞爺（とうや）丸台風	全国	1 761	207 542
1959. 9	伊勢湾（いせわん）台風	全国（九州除く）	5 098	833 965
1995. 1	阪神・淡路大震災（M7.3）	兵庫県南部	6 437	1) 256 312
2004.10	新潟県中越地震（M6.8）	新潟県中越地方	2) 68	16 985
2011. 3	東日本大震災（M9.0）	三陸沖	22 318	3) 405 737
2016. 4	熊本地震（M7.3）	熊本県熊本地方	2) 273	43 386
2019.10	令和元年東日本台風	東日本	107	70 652
2024. 1	令和6年能登半島地震（M7.6）	石川県能登地方	4) …	…

国立天文台「理科年表2024」より作成。Mは地震の大きさを表すマグニチュード。1）焼失をふくみます。2）死者のみ。3）余震と誘発地震をふくみます。4）2024年1月24日時点で死者233人（消防庁の発表による）。*台風は一部破損をふくみます。

災害への備え

1959年の伊勢湾台風をきっかけに、「災害対策基本法」が制定されました。これにより、各災害に関する法律が体系化され、防災計画に基づいた総合的な災害対策が行われるようになりました。すべての災害に共通する対策として、避難場所や避難経路を示したハザードマップの作成や、警報を素早く伝達する仕組みづくりなどが行われています。また、地震に備えた建物の耐震化や、水害に備えた堤防やダムの整備など、個別の災害への対策も実施されています。

2023年は、1923年に発生した関東大震災から100年となる節目の年でした。過去の災害の教訓を生かし、今後に備えるため、各地で防災訓練が実施されました。

② 自然災害による死者・行方不明者

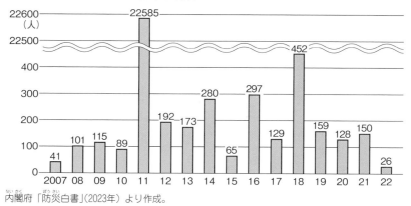

内閣府「防災白書」（2023年）より作成。

2023年のおもな自然災害 1月後半、日本海側を中心に大雪となり、除雪作業中の事故などで8人が亡くなり、100人以上がけがをしました。5月5日には、石川県の能登地方を震源とする最大震度6強の地震が発生しました。この地震で1人が亡くなり、3000棟以上の住宅に被害が出ました。6月から7月にかけては、梅雨前線による大雨の影響で、複数の地域で死者やけが人が出たほか、多くの住宅が壊れたり、浸水したりしました。8月、9月には、台風が相次いで上陸・接近しました。お盆の時期に上陸した台風7号は、近畿地方などに記録的な大雨をもたらしました。

第1章／国土と人口

4

人口の動き

国勢調査

国内に住むすべての人（外国人をふくむ）と世帯を対象とする統計調査で、5年に一度行われます。人口や就業状態など、さまざまな項目を調べます。

日本の人口

2022年10月1日現在、日本の人口は約1億2495万人です。前年から56万人減り、12年連続で減少しました。

日本では、戦後の1947～49年に人口が急増しました。終戦によって結婚する人が増え、出生数が増加したためです（第1次ベビーブーム）。1971～74年には、第1次ベビーブーム世代が親となり、第2次ベビーブームが到来しました。しかし、その後は出生数が減少していきました。結婚する人が減ったことや、核家族

① 人口の動き （各年10月1日現在）

	総人口（万人）	男	女	前年からの増減率（％）	人口密度（1km²あたり人）
1970	10 372	5 092	5 280	*1.15*	280.3
1980	11 706	5 759	5 947	*0.78*	314.1
1990	12 361	6 070	6 291	*0.33*	331.6
2000	12 693	6 211	6 482	*0.20*	340.4
2010	12 806	6 233	6 573	*0.02*	343.4
2020	12 615	6 135	6 480	*-0.32*	338.2
2021	12 550	6 102	6 448	*-0.51*	336.5
2022	12 495	6 076	6 419	*-0.44*	335.0

国立社会保障・人口問題研究所「人口統計資料集」(2023年改訂版)より作成。2022年は総務省「人口推計」による。2022年の人口密度は人口と国土地理院の面積を使って算出しました。1970年は沖縄をふくみません。

化が進んで子育ての負担が増えたことなどが要因です。1人の女性が一生の間に産む子どもの数（合計特殊出生率）は、1975年に2.0を下回り、人口維持に必要とされる水準を下回り続けています。この状態を少子化といいます。少子化が進んでも、平均寿命ののびなどにより、長らく人口増加は続きましたが、2008年をピークに減少に転じました。

　子どもを産み、育てやすい環境を整えるため、保育所の整備など様々な対策が進められていますが、少子化は止まりません。2020年以降は新型コロナの影響で結婚する人が減って、出生数がさらに減少しました。

②出生率と死亡率

	出生率*	死亡率*	合計特殊出生率
1970	18.8	6.9	2.13
1980	13.6	6.2	1.75
1990	10.0	6.7	1.54
2000	9.5	7.7	1.36
2010	8.5	9.5	1.39
2020	6.8	11.1	1.33
2022	6.3	12.9	1.26

厚生労働省「人口動態統計」より作成。1970年は沖縄をふくみません。*人口千あたりの数。

③総人口と合計特殊出生率の動き

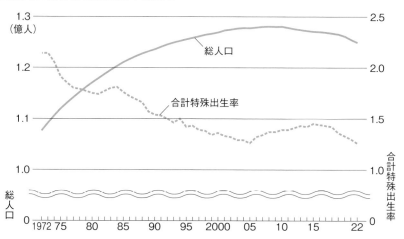

総務省「国勢調査」、同「人口推計」、厚生労働省「人口動態統計」より作成。**合計特殊出生率**とは、1人の女性が一生の間に産む子どもの平均数のことです。1972年の合計特殊出生率は沖縄をふくみません。

進む少子高齢化

　日本の人口にしめる子どもの割合は年々低下しています（少子化）。14歳以下人口の割合は、1970年には24.0％でしたが、2022年には11.6％に下がりました。一方、平均寿命ののびにより、急速に高齢化が進んでいます。65歳以上の高齢者の割合は、1970年の7.1％から、2022年には29.0％にまで増えました。このように、少子化と高齢化が同時に起きることを少子高齢化といいます。日本は、世界で最も少子高齢化が進行している国の一つです。

　少子高齢化が進むと、働く人が減って経済成長が衰えるほか、現役世代（15〜64歳）の負担が重くなるなど、さまざまな問題が生じます。

4 年齢3区分別人口の割合

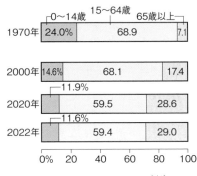

資料は下図に同じ。2000年は年齢不詳を除いた割合。20年は不詳補完値。22年は推計値。各年10月1日現在。

5 年齢5歳階級別人口 （各年10月1日現在）

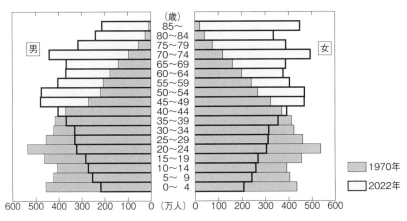

総務省「国勢調査」、同「人口推計」より作成。2022年は推計値。

婚姻

　婚姻をめぐる状況は、数十年の間に大きく変化しました。経済的な理由や価値観の変化などから結婚しない人が増え（未婚化）、婚姻率（人口千人あたりの結婚件数）は1970年から2022年にかけて半分以下になりました。また、結婚する年齢や子どもを産む年齢は、年々高くなっています（晩婚化・晩産化）。こうした状況は、少子化の大きな要因の一つとなっています。

6 婚姻率と離婚率（人口千あたり　組）

	婚姻率	離婚率
1980	6.7	1.22
1990	5.9	1.28
2000	6.4	2.10
2010	5.5	1.99
2020	4.3	1.57
2021	4.1	1.50
2022	4.1	1.47

厚生労働省「人口動態統計」より作成。2022年の婚姻数は50万4930組、離婚数は17万9099組。

7 50歳時の未婚割合（%）

	男	女
1980	2.60	4.45
1990	5.57	4.33
2000	12.57	5.82
2010	20.14	10.61
2020	28.25	17.81

国立社会保障・人口問題研究所「人口統計資料集」より作成。今までに結婚したことがない人の割合。

8 平均初婚年齢の動き

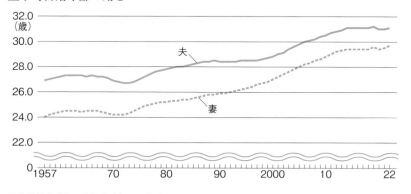

厚生労働省「人口動態統計」より作成。2022年の平均初婚年齢は夫が31.1歳、妻が29.7歳。

将来の人口

日本の人口は、2008年をピークに減少しています。今後も減り続ける見通しで、2020年の1億2615万人から、2056年に1億人を下回り、2070年には8700万人（現在の約7割）になると推計されています（2023年公表の将来推計人口による）。

少子高齢化は、今後さらに進行すると予測されています。年齢別の推計によると、総人口にしめる14歳以下人口の割合は、2034年には10.0％、2070年には9.2％に下がる見込みです。一方、65歳以上人口の割合は、2038年には33.9％（約3人に1人）となり、2070年には38.7％に達するとみられています。

9 将来の人口の動き（中位推計値）

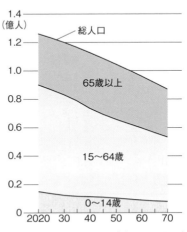

資料・注記は下表に同じ。各年10月1日現在。

10 将来推計人口 （中位推計値）

	総人口（万人）	人口動態（人口千あたり　人）		年齢3区分別人口割合（％）		
		出生率	死亡率	0～14歳	15～64歳	65歳以上
2020	12 615	* 6.8	* 11.1	11.9	59.5	28.6
2030	12 012	6.4	13.3	10.3	58.9	30.8
2040	11 284	6.4	14.8	10.1	55.1	34.8
2050	10 469	5.9	15.1	9.9	52.9	37.1
2060	9 615	5.6	16.3	9.3	52.8	37.9
2070	8 700	5.7	17.5	9.2	52.1	38.7

国立社会保障・人口問題研究所「日本の将来推計人口」(2023年推計）より作成。同推計は、2020年の国勢調査結果を基にしています。2020年は確定数。総人口および年齢3区分別割合は各年10月1日現在。＊日本における日本人のデータ。

都道府県の人口

2022年10月1日現在の推計人口（げんざい）（すいけい）によると、47都道府県のうち、9都道府県で人口が500万人をこえていま

す。最も人口が多いのは東京都の1404万人で、全国の11％をしめています。一方、人口が100万人未満の県は10県あり、都道府県によって人口にかたよりがみられます。

⑪都道府県別の面積と人口 （2022年10月1日現在）

	面積 (km²)	人口 (万人)	人口密度 (1 km²あたり 人)		面積 (km²)	人口 (万人)	人口密度 (1 km²あたり 人)
北海道	78 421 (83 424)	514	66	滋賀	4 017	141	351
				京都	4 612	255	553
青森	9 646	120	125	大阪	1 905	878	4 609
岩手	15 275	118	77	兵庫	8 401	540	643
宮城	7 282	228	313	奈良	3 691	131	354
秋田	11 638	93	80	和歌山	4 725	90	191
山形	9 323	104	112	鳥取	3 507	54	155
福島	13 784	179	130	島根	6 708	66	98
茨城	6 098	284	466	岡山	7 115	186	262
栃木	6 408	191	298	広島	8 479	276	325
群馬	6 362	191	301	山口	6 113	131	215
埼玉	3 798	734	1 932	徳島	4 147	70	170
千葉	5 157	627	1 215	香川	1 877	93	498
東京	2 194	1 404	6 398	愛媛	5 676	131	230
神奈川	2 416	923	3 821	高知	7 103	68	95
新潟	12 584	215	171	福岡	4 988	512	1 026
富山	4 248	102	239	佐賀	2 441	80	328
石川	4 186	112	267	長崎	4 131	128	311
福井	4 191	75	180	熊本	7 409	172	232
山梨	4 465	80	180	大分	6 341	111	175
長野	13 562	202	149	宮崎	7 734	105	136
岐阜	10 621	195	183	鹿児島	9 186	156	170
静岡	7 777	358	461	沖縄	2 282	147	643
愛知	5 173	750	1 449	全国	**372 970** (377 973)	12 495	335
三重	5 774	174	302				

国土地理院「全国都道府県市区町村別面積調（めんせきしらべ）」および総務省「人口推計」より作成。カッコ内の数字は、北海道の下が北方領土をふくむ面積、全国の下が北方領土と竹島をふくむ面積。

都市の人口

　2023年1月1日現在の市の数は792です。最も人口が多いのは横浜市の375万人で、2番目は大阪市の274万人、3番目は名古屋市の229万人です。東京23区（特別区）は、そ

れぞれの区が市に準じたあつかいを受けており、23区全体で957万人（全国の7.6%）の人が住んでいます。人口は大都市に集中する一方で、地方の都市では減少しています。全国の市の37.5%にあたる297市で、人口が5万人に達していません。

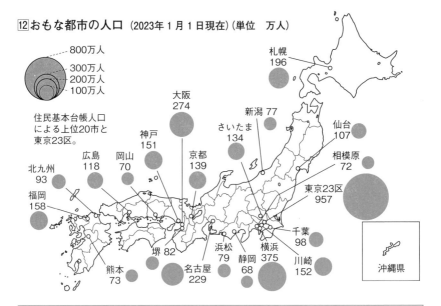

12 **おもな都市の人口** （2023年1月1日現在）（単位　万人）

800万人
300万人
200万人
100万人

住民基本台帳人口による上位20市と東京23区。

札幌 196
大阪 274
新潟 77
さいたま 134
仙台 107
神戸 151
京都 139
相模原 72
広島 118
岡山 70
北九州 93
東京23区 957
福岡 158
千葉 98
浜松 79
横浜 375
堺 82
静岡 68
川崎 152
熊本 73
名古屋 229
沖縄県

政令指定都市

　人口50万人以上の市のうち、政令によって指定を受けた市を政令指定都市といいます。政令指定都市になると、都道府県で行うサービスの一部を市で行えるほか、地方交付税などで財源が強化され、大きな権限を持ちます。政令指定都市では、市をさらに区（行政区）に分け、業務を分担しています。2023年末現在の政令指定都市は、札幌、仙台、さいたま、千葉、横浜、川崎、相模原、新潟、静岡、浜松、名古屋、京都、大阪、堺、神戸、岡山、広島、北九州、福岡、熊本の20市です。

大都市圏への人口集中と過疎問題

大都市の周辺では、人口が広い範囲に集中し、大都市圏を形成しています。なかでも、東京23区、名古屋市、大阪市を中心とする大都市圏は、３大都市圏と呼ばれています。３大都市圏の人口が全国にしめる割合は年々高くなっており、2023年１月１日現在では53％をしめています。特に、東京圏には、全国の人口の29％が集中しています。こうした状況を東京一極集中といいます。

一方、地方では、若者を中心に人口の流出が続いています。日本の産業の中心が農林水産業から製造業、サービス業へと変わっていき、多くの人が仕事を求めて大都市周辺に移り住んだためです。長期にわたる人口減少により、社会の機能が低下している地域を過疎地域といいます。過疎地域は、面積でみると全国の63％をしめますが、そこに住む人は全人口の９％にすぎません。

13 全国にしめる３大都市圏の人口の割合

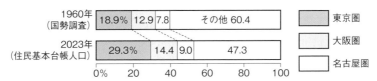

1960年は10月１日、2023年は１月１日現在。東京圏は埼玉県、千葉県、東京都、神奈川県。大阪圏は京都府、大阪府、兵庫県、奈良県。名古屋圏は岐阜県、愛知県、三重県。

14 過疎地域の全国にしめる割合 (2022年４月１日現在)

総務省の資料より作成。過疎地域の市町村数には、一部の地域のみ過疎の市町村をふくみます。東京都特別区は１つの自治体とみなしています。人口と面積は2020年国勢調査のデータです。

外国人人口

2022年末の外国人人口は307.5万人でした。2020、21年は、新型コロナウイルスの感染拡大の影響で外国人人口が減少しましたが、22年は大幅に増え、過去最多となりました。国籍別では、インドネシアやネパールの人の割合が特に増えました。

少子高齢化と人口減少が進む日本では、労働力を補うため、外国人の受け入れを広げてきました。今後もさらに受け入れを増やすため、制度の整備が進められています。

15 日本に住む外国人の数

（2022年末現在）（単位　万人）

東京	59.6	千葉	18.2
愛知	28.7	兵庫	12.3
大阪	27.2	静岡	10.6
神奈川	24.6	福岡	9.0
埼玉	21.3	全国	**307.5**

出入国在留管理庁「在留外国人統計」より作成。90日以上滞在する外国人。全国にはその他の県をふくみます。

16 外国人人口の動き （各年末現在）

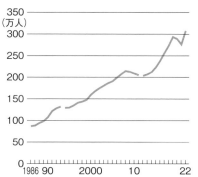

資料は左表に同じ。2011年までは外国人登録者数で、1993年までは短期滞在をふくみます。

17 国籍別外国人割合の変化

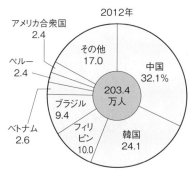

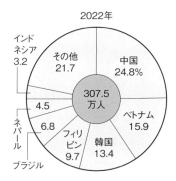

資料は上表に同じ。各年末現在。

平均寿命と死因

　2022年の日本人の平均寿命は、男性81.05年、女性87.09年でした。新型コロナによる死者が増えたことなどが原因で、平均寿命は2年連続で前年を下回りましたが、長期的にはのび続けています。終戦後の1947年には男性50.06年、女性53.96年でしたが、医療の発達や生活環境の改善により、1980年には男性73.35年、女性78.76年に、2020年には男性81.56年、女性87.71年にのびました。現在、日本の平均寿命の長さは、世界のなかでもトップクラスです。

　一方、高齢化により、死亡数は増えています。2022年の死亡数は157万人で、過去最多を更新しました。死因のうち最も多いのはがんで、全体の24.6％をしめています。近年は老衰で亡くなる人が増えており、2018年に死因の第3位となりました。

18 おもな死因 （2022年）

	死亡数 （万人）	死亡率 （人口10万 あたり　人）
がん	38.6	316.1
心疾患	23.3	190.9
老衰	18.0	147.1
脳血管疾患	10.7	88.1
肺炎	7.4	60.7
全死因1)	**156.9**	1 285.8

厚生労働省「人口動態統計」より作成。心疾患とは急性心筋梗塞などのことで、高血圧性を除きます。1) その他の死因をふくみます。

19 平均寿命ののび

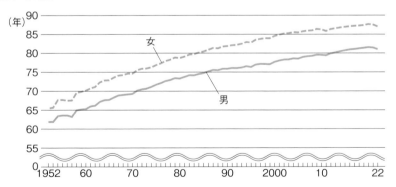

厚生労働省「生命表」より作成。5の倍数の年は国勢調査に基づく完全生命表、その他の年は推計人口に基づく簡易生命表による。1971年以前は沖縄をふくみません。

5

こうぶつしげん
鉱物資源

日本の鉱物資源

日本では、ほとんどの鉱山が採掘を終了していて、商業生産を行う金鉱山は鹿児島県の菱刈金山が唯一のものです。鉄や銅、アルミニウムの原料となるボーキサイトなどは、すべて輸入に頼っています。

石灰石は、日本が自給できる数少ない資源で、全国各地に鉱山があります。石灰石はセメントなどの原料になります。

日本は資源が少ないですが、一般家庭には使用済みの家電製品や携帯電話、パソコンなどが大量にしまい

1 おもな資源の自給率（2022年）

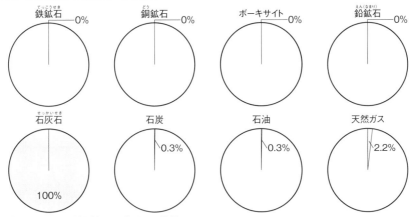

鉄鉱石　0%

銅鉱石　0%

ボーキサイト　0%

鉛鉱石　0%

石灰石　100%

石炭　0.3%

石油　0.3%

天然ガス　2.2%

経済産業省「生産動態統計」、財務省「貿易統計」による重量ベース。石炭、石油、天然ガスは、国連 "Energy Balance"（2021年）による2021年のデータでエネルギーベース。

こまれていると考えられています。これらは「都市鉱山」と呼ばれ、その活用が期待されています。不純物を多くふくむ鉱石から精錬される金

属と異なり、都市鉱山はすでに精錬された金属を取り出すので、リサイクルの点だけでなく環境への負荷が少ない点でも注目されています。

② 世界の金属鉱石の生産量 (2021年)

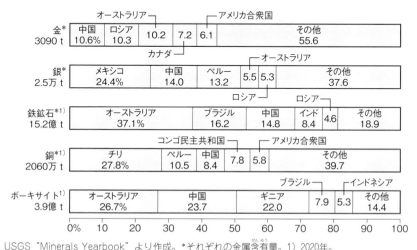

金* 3090 t	中国 10.6%	ロシア 10.3	オーストラリア 10.2	7.2	アメリカ合衆国 6.1	その他 55.6

（7.2 の下に カナダ）

銀* 2.5万 t	メキシコ 24.4%	中国 14.0	ペルー 13.2	5.5	オーストラリア 5.3	その他 37.6

（5.5 の下に ロシア）

鉄鉱石*1) 15.2億 t	オーストラリア 37.1%	ブラジル 16.2	中国 14.8	インド 8.4	ロシア 4.6	その他 18.9

銅*1) 2060万 t	チリ 27.8%	ペルー 10.5	中国 8.4	コンゴ民主共和国 7.8	アメリカ合衆国 5.8	その他 39.7

ボーキサイト1) 3.9億 t	オーストラリア 26.7%	中国 23.7	ギニア 22.0	ブラジル 7.9	インドネシア 5.3	その他 14.4

0% 10 20 30 40 50 60 70 80 90 100

USGS "Minerals Yearbook" より作成。*それぞれの金属含有量。1) 2020年。

電気自動車に必要な材料

　最近、中国を中心に電気自動車生産が盛んです。電気自動車には蓄電池や強力な磁石が必要で、原料のコバルト、リチウム、グラファイト（特定の構造に結晶化した炭素）、レアアース（希土類元素とよばれる17元素）が世界的な争奪戦になっています。

　コバルトはコンゴ民主共和国が主な産地（2022年の世界生産量の67.0%、Energy Institute資料による）ですが、多くの鉱山は中国系企業が権利を持っています。リチウムはオーストラリアが主産地（同46.8%）で、多くが中国に輸出されます。

　グラファイトやレアアースは中国が主産地（同61.1%、70.3%）です。中国はグラファイトの輸出を2023年より許可制にし、レアアースも輸出管理を強化しました。日本やアメリカなどでは、米中対立の中でこれらの安定調達が課題になっています。

第1章／国土と人口

6
エネルギー資源

日本のエネルギー源

　日本はエネルギーのほとんどを海外からの輸入に頼っています。日本のエネルギー自給率は、主要国のなかでも特に低く、エネルギーの安定供給は大きな課題です。

　戦後、おもなエネルギー源は石炭から中東の安い石油に代わりました。しかし、1970年代の石油危機によって、石炭利用を増やすほか、天

1 日本のエネルギー消費割合 （国内供給量）（会計年度）

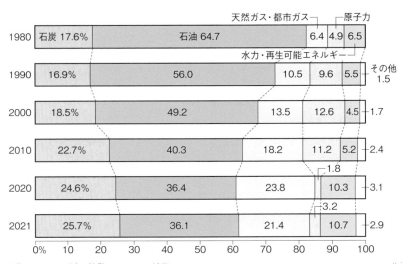

年	石炭	石油	天然ガス・都市ガス	水力・再生可能エネルギー	原子力	その他
1980	石炭 17.6%	石油 64.7	6.4	4.9	6.5	
1990	16.9%	56.0	10.5	9.6	5.5	その他 1.5
2000	18.5%	49.2	13.5	12.6	4.5	1.7
2010	22.7%	40.3	18.2	11.2	5.2	2.4
2020	24.6%	36.4	23.8	1.8	10.3	3.1
2021	25.7%	36.1	21.4	3.2	10.7	2.9

資源エネルギー庁「総合エネルギー統計」より作成。1980年度は、統計のとりかたが1990年度以降と異なるので、おおまかな参考としてみてください。水力は揚水式（39ページ解説参照）をのぞきます。その他は、廃棄物エネルギーなど、これまで使われてこなかったエネルギー源です。

然ガス、原子力の導入を進めて、エネルギー源にしめる石油の割合は減っています。

2011年の東日本大震災をきっかけに起きた福島第一原発事故を機に、すべての原子炉が運転を停止しました。その後、より厳しい安全基準を満たした原子炉から運転を再開していますが、原子力で供給される発電量は以前より少ないです。

また、太陽光を中心に再生可能エネルギーがのびています。これらは発電で二酸化炭素を排出せず、地球温暖化が問題となる中でさらに拡大することが期待されています。

②エネルギー自給率 （2021年）

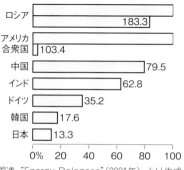

国連 "Energy Balances"（2021年）より作成。
原子力は国産エネルギーにふくみます。

石油危機 （オイルショック）

1970年代に2度、中東の産油国で原油の減産や価格の大幅な引き上げがあり、世界経済が大きく混乱しました。特に、エネルギー自給率の低い日本への打撃は大きく、高度経済成長が終わるきっかけになりました。

石油危機以降、日本のエネルギー政策は大きく変わり、省エネルギー化や原子力発電の導入が進みました。

エネルギー価格高騰と日本政府の対応

2022年のロシアによるウクライナ侵攻をきっかけに、原油などエネルギーの国際価格が急に上がりました。欧米や日本が産油国のロシアに経済制裁を行ったことや、ロシアが対抗措置としてヨーロッパへの天然ガス供給を抑えたためです。

日本政府は、漁業では燃料高騰に備えた積み立てへの補助や、タクシー業などで負担増の一部を穴埋めするなど、エネルギー価格高騰の影響を減らす取り組みを進めました。ガソリン小売では、2022年より卸売価格が一定以上になると、石油会社に補助金を出して価格を下げています（2024年4月までの予定）。

2023年になると天然ガスの国際価格が大幅に下がり、原油価格も少し下がりました。しかし、日本は円安が影響して、ガソリン卸売価格が高い状態が続いています。

石炭

石炭は世界各地で採掘されており、埋蔵量もたくさんあるエネルギー源です。日本では、北九州や北海道でおもに採掘されて、戦後の日本の復興を支えました。その後、海外の安い石炭や石油におされて、日本の炭鉱は次々と閉山しました。現在では北海道でわずかに残るだけで、自給率は0.3％（2021年）です。

石油危機で石炭が改めて見直されたことや、技術革新で石炭を利用したときの有害物質の除去が進んだことで、石炭利用は増えていて、2021年の日本の全エネルギー源のうち25.7％を石炭がしめています。しかし、地球温暖化の原因となる二酸化炭素（CO_2）を多く排出するために、近年は欧米を中心に石炭を使わない社会をめざすようになっています。

石炭火力のアンモニア混焼

石炭火力はCO_2を多く排出しますが、政府は燃やしてもCO_2が出ないアンモニアを燃料として一緒に燃やすことで、CO_2削減を目指しています。アンモニア製造に必要な水素は、おもに化石燃料由来ですが、将来は再生可能エネルギーで水からつくる予定です。

ただ、欧米では石炭火力そのものを減らすことを目標にしていて、アンモニア混焼に否定的な意見が多いです。

③ 石炭の輸入先 （2022年）

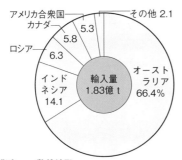

アメリカ合衆国 ── その他 2.1
カナダ
5.3
5.8
ロシア
6.3
インドネシア 14.1
輸入量 1.83億 t
オーストラリア 66.4％

財務省「貿易統計」より作成。石油や天然ガスと異なり、中東からの輸入はありません。石炭の国内自給率は、2021年で0.3％（国連統計によるエネルギーベース）です。

④ 世界の石炭生産量 （2022年）

	億 t	％
中国	45.60	51.8
インド	9.11	10.3
インドネシア	6.87	7.8
アメリカ合衆国	5.39	6.1
オーストラリア	4.43	5.0
ロシア	4.39	5.0
世界計	**88.03**	100.0

Energy Institute資料より作成。品質の高い石炭のほか、褐炭など品質の高くないものや、商用固体燃料などを足し合わせています。世界計には、その他の国をふくみます。

石油

石油は液体で使いやすく、最も利用されるエネルギー源です。中東でおもに産出され、日本の高度経済成長を支えました。しかし、石油危機をきっかけに、石油に頼りすぎたことを反省するようになって、ほかのエネルギー源の活用が広がりました。それでも、現在でも最も利用されるエネルギー源です。

中東は政情が不安定になりがちなこともあり、中東以外での資源開発も進んでいます。現在、中東の生産量は世界全体の3分の1ほどです。

しかし、日本は中東依存が高まる傾向にあり、輸入量に占める中東割合は1990年の71％から2022年は94％まで増えました。

ただし、ハイブリッド車などの普及でガソリン消費が減ったことや、企業が天然ガスなどへの転換を進めたため、輸入量は減っています。

シェールオイル・シェールガス

アメリカでは、2010年代に地中深くの岩石中に存在する原油や天然ガスを取り出すことが盛んになりました。これらはシェールオイルやシェールガスと呼ばれ（シェールは岩石の名前）、アメリカを中心に原油や天然ガスの生産量が増加する要因になりました。

⑤原油の輸入先 (2022年)

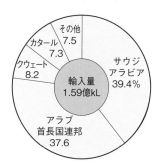

財務省「貿易統計」より作成。中東からの輸入量は全体の94.1％です。石油（原油のほか、ガソリンなど石油製品をふくめて考えます）の国内自給率は、2021年で0.3％（国連統計によるエネルギーベース）です。

⑥世界の原油生産量 (2022年)

	億kL	%
アメリカ合衆国	10.31	18.9
サウジアラビア*	7.04	12.9
ロシア	6.50	11.9
カナダ	3.24	5.9
イラク*	2.62	4.8
中国	2.39	4.4
アラブ首長国連邦*	2.33	4.3
イラン*	2.22	4.1
世界計	**54.46**	100.0
うち中東	17.84	32.8

Energy Institute資料より作成。*は中東の国。世界計には、その他の国をふくみます。

天然ガス

　天然ガスは、石炭や石油より燃焼の際に出る二酸化炭素の量が少なく、比較的クリーンなエネルギー源と考えられています。新潟や千葉でわずかに産出していますが、ほとんどが海外からLNG（液化天然ガス）として輸入したもので、自給率は2021年で2.2％です。1969年にLNGの輸入が始まり、石油からの転換を進めるなかで国内消費が増えました。

　2022年のロシアによるウクライナ侵攻に伴い、欧米や日本はロシアに経済制裁を行っています。その対抗措置として、ロシアは天然ガスのヨーロッパ向け輸出をしぼりました。その結果、世界的な天然ガス不足になり、価格が一気にあがりました。日本は長期契約が多く影響が限られましたが、天然ガスを調達できずに停電をおこす国もありました。2023年には価格が落ちついています。

液化天然ガス（LNG）

　天然ガスを輸入する場合、地続きのヨーロッパなどは輸出国からパイプラインをつないでガスのまま送りますが、海に囲まれた日本では難しいです。そのため、生産地で天然ガスを冷やして液体にして運びます。ガスは液化すると体積が約600分の1になります。

7 液化天然ガスの輸入先 （2022年）

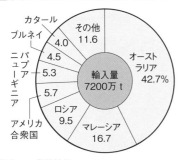

カタール 4.0
ブルネイ 4.5
パプアニューギニア 5.3
アメリカ合衆国 5.7
ロシア 9.5
マレーシア 16.7
オーストラリア 42.7%
その他 11.6
輸入量 7200万t

財務省「貿易統計」より作成。中東からの輸入量は全体の9.4％です。天然ガスの国内自給率は、2021年で2.2％（国連統計によるエネルギーベース）です。液化天然ガス1万tで、天然ガスがおよそ0.122億m³です。

8 世界の天然ガス生産 （2022年）

	億m³	％
アメリカ合衆国	9 786	24.2
ロシア	6 184	15.3
イラン*	2 594	6.4
中国	2 218	5.5
カナダ	1 850	4.6
カタール*	1 784	4.4
オーストラリア	1 528	3.8
ノルウェー	1 228	3.0
世界計	**40 438**	100.0
うち中東	7 213	17.8

Energy Institute資料より作成。*は中東の国。世界計には、その他の国をふくみます。

原子力

　原子力は、発電の際に二酸化炭素を出さないエネルギー源です。燃料に必要なウランは少量で、燃料を交換したあと1年以上は発電を続けられることから、原子力は国際的に国産エネルギーと考えられています。原子力はエネルギー自給率の低い日本にとって重要です。

　日本では、1970年代の石油危機をきっかけに、原子力発電を増やすよ

うになりました。1998年には原子力の発電量が全体の32％をしめましたが、その後は事故や発電所のトラブル隠しが相次いで、発電量はあまり増えませんでした。

　2011年の東日本大震災で、福島第一原発が大量の放射性物質をまき散らす最悪レベルの事故を引き起こしました。汚染された地域では、政府が避難を指示し、多くの人々が故郷を離れることになりました。

　汚染地域では、除染（汚染された

⑨ **原子力発電所の状況**（2023年9月15日現在）

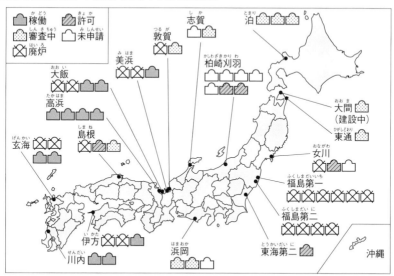

原子力安全推進協会の資料より作成。新しい基準への適合性の審査状況です。上の地図のほかに、青森県六ヶ所村にある原子燃料サイクル施設も審査の対象となっています。

土などを除く）が行われ、徐々に住民が帰れる地域が増えました。しかし、震災から13年がたった現在でも帰れない地域があります。帰れるようになった地域でも、避難生活が長期化したなかで、仕事など生活の場が避難先でできて、故郷に帰るのをあきらめた人が大勢います。

　政府は、資源の少ない日本にとって、原子力を引き続き必要と考えています。原子力発電が、運転時に二酸化炭素を出さず、地球温暖化防止につながることも理由の一つです。このため、発電所に厳しい基準を設けて、合格した原子炉には運転を認めています。2023年9月現在で17基が合格し、そのうち12基が稼働して

いますが、多くの原子炉が廃炉になり、以前より電力供給に余裕がない状況が続いています。

⑩世界の原子力発電の総発電力
（2023年1月1日現在）

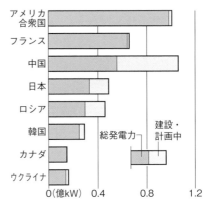

日本原子力産業協会「世界の原子力発電開発の動向」より作成。各国にある原子炉それぞれの発電能力（最大出力）を合計したものです。世界全体では4.1億kW、建設中や計画中の原子炉を合わせると5.7億kWあります。

福島原発処理水の海洋放出

　福島第一原発事故では、放射性物質に汚染された水が大量に出ています。汚染物質はほとんど除去できますが、弱い放射線を出すトリチウムとよばれる水素を除去できません。トリチウムは大部分が水として存在します（水は水素と酸素でできています）。

　トリチウム以外の放射性物質を基準以下まで取り除いた処理水を、政府は2023年8月より薄めて海に流しました。放射性物質はある程度集まると生物に影響が出ますが、トリチウムは体内に長くとどまらず、海洋放出は安全と考えられています。

　トリチウムは各国の原子力発電所でも大量に放出しています。しかし、中国をはじめいくつかの国は処理水の海洋放出に反対し、中国は日本の水産物の輸入を停止しています。このため、ホタテなど中国への輸出が多い水産物の産地は打撃を受けました。

再生可能エネルギー

再生可能エネルギーは、石油などのように使うと無くなるものではなく、繰り返し使えるエネルギーです。太陽光や風力のほか、間伐材などを燃やすバイオマスなども含まれ、広い意味では水力発電も含まれます。

これらは二酸化炭素を排出しない（バイオマスは木を育てる際に排出分の二酸化炭素を吸収すると考えます）ため、地球温暖化を防ぐために、普及が期待されてきました。

再生可能エネルギーは割高なうえに、太陽光や風力は発電量が天候に左右され安定しません。そこで、政府は補助金を出して、決まった価格で電力会社が電力を買いとることを約束しました。売り上げを見込めることが分かったことで、太陽光を中心に発電設備が急に増えました。

補助金は消費者が負担していますが、負担額が大きいことが問題になっています。そこで政府は、2022年度より決まった価格ではなく、実際に売った価格に補助金を上乗せする制度を導入して、全体の負担を減らそうとしています。

11 再生可能エネルギー買取量

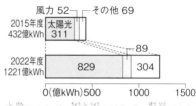

資源エネルギー庁資料より作成。法律にもとづき電力会社が買い取った電力量。2021年度以前は固定価格で、2022年度以降は買取価格に補助金を上乗せしたものをふくみます。

12 おもな再生可能エネルギーの国別発電量 (2022年)

太陽光発電	億kWh	%	風力発電	億kWh	%
中国	4 277	32.3	中国	7 627	36.2
アメリカ合衆国	2 062	15.6	アメリカ合衆国	4 392	20.9
日本	1 024	7.7	ドイツ	1 253	6.0
インド	952	7.2	ブラジル	816	3.9
ドイツ	608	4.6	イギリス	802	3.8
オーストラリア	388	2.9	(参考)日本	82	0.4
世界計	**13 226**	100.0	世界計	**21 048**	100.0

Energy institute資料より作成。世界計には、その他の国をふくみます。

7

電力

日本の電力

電力は、産業の発展や家電製品を使う家庭が増えたことで、社会に不可欠なエネルギーになっています。

戦後、中東の安い石油による火力発電を中心に発電量が増えました。1970年代の石油危機をきっかけに、石油への依存を見直すようになり、石炭火力や原子力発電の割合を高めるようになります。しかし、2011年の東日本大震災にともなう福島第一原発事故によって、原子力発電所の運転停止が相次ぎました。その後、一部は再稼働していますが、震災以前と比べて少ないです。

近年、太陽光など再生可能エネル

1 **日本の発電電力量** （会計年度）（単位　億kWh）

	水力	火力	原子力	太陽光	風力	地熱	計
1980	921	4 020	826	—	—	9	5 775
1990	958	5 574	2 023	0	—	17	8 573
2000	968	6 692	3 221	—	1	33	10 915
2010	907	7 713	2 882	0	40	26	11 569
2020	863	7 900	370	250	83	21	9 490
2021	876	7 763	678	280	82	21	9 702
2022	850	7 585	535	315	82	20	9 390

資源エネルギー庁「電力調査統計」および電気事業連合会「電気事業便覧」より作成。小さな発電設備はこの調査の対象外で、データにふくんでいません。資料がちがうので、太陽光や風力の数値が37ページ12とちがいます。計にはわずかにその他のものをふくみます。

ギーによる発電が増えています。こ
れらは、原子力と同様に発電時に二
酸化炭素を出しません。脱炭素社会
の実現に向けて、政府は再生可能エ
ネルギーの拡大や、安全確保を前提

に原子力の活用を目指しています。
　電力の供給は、常に使用量を上回
る必要があります。2018年、北海道
で地震により発電所が止まり、使用

②発電量の変化 (左表より作成)

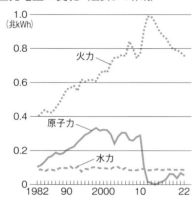

電力自由化

　戦後の日本では、地域ごとの電力会
社が電力を供給する業務を長く独占し
てきました。しかし、電力料金が割高
で、多くの会社が参入して競争する自
由化を進めることになりました。
　2016年度には一般家庭をふくめて完
全に自由化され、安い料金プランで電
力を提供する新会社が次々とあらわれ
ました。しかし、近年のエネルギー価
格高騰で電力料金を大幅に値上げする
会社が相次いだほか、経営状態が悪化
して倒産した会社もあります。

水力発電‥‥‥水の落ちる力で水車を回して発電します。発電時にCO₂（二酸化炭素）
　　　　を出しませんが、ダムをつくる場所が限られます。揚水式は、電力使用の少ない夜間
　　　　に電力で水をくみ上げ、昼間に発電するもので、大きな蓄電池の役割をはたします。
火力発電‥‥‥ほとんどが燃料を燃やして水を温めて、蒸気でタービン（羽根車）を
　　　　回して発電する方式です（離島などではエンジンで発電します）。発電時にCO₂が
　　　　発生するため、地球温暖化を防ぐために火力発電を減らすことが求められています。
原子力発電‥‥‥ウランの核分裂反応で水を温めて、蒸気でタービンを回して発電しま
　　　　す。福島第一原発事故をきっかけに、危険性が改めて問題になりました。発電時
　　　　のコストが低くCO₂を出さないため、政府は原子力発電を増やす方針です。
太陽光発電‥‥‥ソーラーパネルで太陽光を直接電力に変えます。発電時にCO₂を出し
　　　　ませんが、発電量は天候によって変わります。このほか太陽熱発電もあります。
風力発電‥‥‥風の力で風車を回して発電します。発電時にCO₂を出しませんが、発
　　　　電に適した風が吹く場所が少ないほか、発電量が安定しません。
地熱発電‥‥‥火山活動など地下のエネルギーを利用する発電です。

量を上回る供給を行えなくなった結果、北海道全域でブラックアウト（大規模停電）が起きました。
　2022年、電力を多く使う夏と冬に、政府は7年ぶりに節電要請を行いました。使用量を十分上回る発電量を確保できなかったためで、日本の電力供給は余裕が少ないです。

③おもな発電所

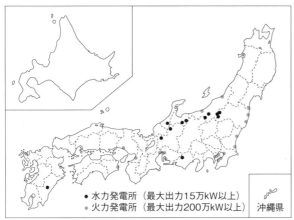

● 水力発電所（最大出力15万kW以上）
● 火力発電所（最大出力200万kW以上）

沖縄県

資源エネルギー庁と各電力会社の公表資料より作成。2022年3月末現在のもの。水力発電所は一般水力発電所のみで、揚水式（電力を用いてくみ上げた水を落として発電するもので、蓄電池のように余った電力をためる役割があります）を除きます。

④各国の発電量とエネルギー源別割合（2021年）

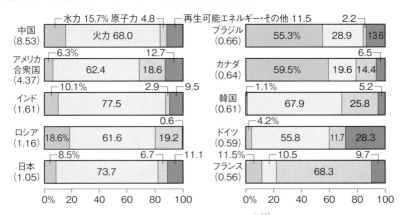

国連 "Energy Statistics Yearbook"（2021年）より作成。資料がちがうので、日本は38ページ①とデータが異なります。国名の下のかっこの数字は発電量で、単位は兆kWh。

日経平均株価が、バブル景気以来33年ぶりの高値を更新しました。2023年7月3日の終値は、3万3753円で、日経平均の最高値である3万8915円（1989年末）に迫りました。コロナ禍が収束し経済活動が正常化したことや、円安や値上げによって企業の利益が増えたことなどを背景に、日本企業の株を買う人が増えて、日経平均株価が上昇しました。写真は、バブル後最高値を更新した日経平均株価の終値を示すモニター（時事提供）。

第2章／経済と財政・金融

1

経済活動

経済活動

　私たちの社会でくり返し行われる生産、流通、消費のことを経済活動といいます。経済活動を支えているのは、企業や家庭と政府です。企業は、モノやサービスを提供することで利益を得ています。家庭は、企業で働いて得た収入で、生活に必要なものを買っています。政府は、企業や家庭から税金を集めて、社会保障や公共サービスなど、国民のための仕事をしています。

GDP（国内総生産）

　GDPは、国の経済活動の大きさをあらわすもので、一定の期間に国内で生みだされた商品やサービスの付加価値の合計のことです。

　付加価値とは、簡単に言えば商品やサービスが生み出す儲け（所得）のことです。商品やサービスの代金から、原材料などにかかった費用を差し引いた金額が付加価値です。この付加価値を、国内のすべての経済活動で合計して、GDPを算出します。

①日本のGDPの変化 （国内総生産）

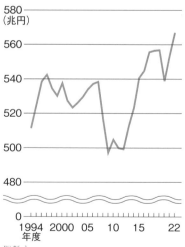

内閣府「国民経済計算」より作成。

さまざまなモノやサービスが自由に売り買いされる場を市場といい、市場での取引で成り立つ経済のことを市場経済といいます。市場経済では、売り買いのバランスがくずれて価格が極端に動くなど、国民生活に悪い影響が出ることがあります。その場合、政府は経済政策を行い、市場に働きかけます。経済政策には、国や地方自治体がお金を使う財政政策や、国の中央銀行（日本では日本銀行）が市場に出回るお金の量を調整する金融政策などがあります。

国の経済の大きさを表すのがGDP（42ページ解説）です。前年のGDPと比べることで、経済成長の度合いや国の景気の様子がわかります。GDPの増減した割合（％）を経済成長率といいます。経済成長率がプラスであれば経済は成長していて、マイナスであれば経済は縮小しています。新型コロナの影響で、2020年度に日本の経済成長率はマイナス3.9％と大きく落ち込みました。その後、経済活動が正常化するにつれて、経済成長率はプラスに回復しています。

② GDPの多い国 （2021年）

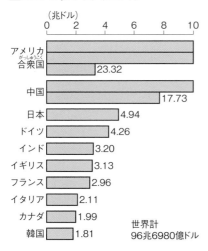

（兆ドル）

国	GDP
アメリカ合衆国	23.32
中国	17.73
日本	4.94
ドイツ	4.26
インド	3.20
イギリス	3.13
フランス	2.96
イタリア	2.11
カナダ	1.99
韓国	1.81

世界計
96兆6980億ドル

国連 "National Accounts(AMA)" より作成。

③ 経済成長率

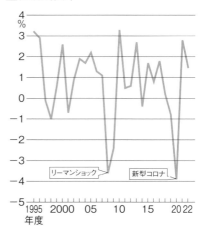

リーマンショック　新型コロナ

内閣府資料より作成。物価の変動を除いた実質値ベース。

日本経済のあゆみ

　日本経済は、1950年代から70年代にかけて、工業の発展と商品の輸出により高度経済成長をとげました。その後、石油危機や円高による輸出の減少などを乗りこえて、安定した成長を続けました。

　1980年代後半には、景気が良くなりすぎてお金があまり、不動産や株式の値段が泡のようにふくらむバブル経済がおとずれました。しかし、バブル崩壊で不動産や株式の値段が暴落したことをきっかけに、1990年代から日本経済は長く低迷します。

　2000年代に入り、生産と輸出が増えて、日本経済は一時持ち直します。しかし、2008年に起きた世界同時不況（リーマン・ショック）や、2011年の東日本大震災で、日本経済は再び大きな打撃を受けました。日本のGDPは、長い間アメリカに次

④おもな国のGDPの変化

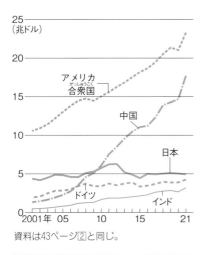

25
（兆ドル）

アメリカ
合衆国

中国

日本

ドイツ

インド

2001年　05　　10　　15　　21

資料は43ページ②と同じ。

⑤1人あたりGNIの多い国 （単位　ドル）

	2020	2021
ルクセンブルク	81 063	93 369
ノルウェー	70 021	93 149
スイス	83 699	90 045
アイルランド	64 815	76 726
デンマーク	62 946	70 390
アメリカ合衆国	63 917	70 081
アイスランド	61 116	69 996
カタール	51 210	65 863
オーストラリア	55 156	64 490
スウェーデン	54 596	62 469
（参考）日本	41 701	41 162

資料は43ページ②と同じ。人口10万人未満の国・地域をのぞきます。

　GNI（国民総所得）　GDPは国内で生産された付加価値（所得）をあらわしますが、GNIはGDPに外国で得た所得を合わせたもので、日本の所得全体をあらわします。なお、ここでいう国民は日本に住む人のことで、国籍は関係ありません。

ぐ世界第2位でしたが、2010年に中国に抜かれ第3位となりました。

2012年に第二次安倍政権が打ち出した「アベノミクス」とよばれる経済政策では、企業の売り上げが増えて、新たな雇用が生まれました。しかし、2020年には新型コロナウイルスの影響で、経済は一時的に大きく落ち込みました。その後、経済活動が再開され、企業の業績は回復しています。最近は、円安や値上げを背景に、自動車や食品などの製造業を中心に売り上げがのびています。

産業活動の移り変わり

戦後すぐの日本では、働く人のうち、農業や漁業など第1次産業の割合が40％ほどをしめていました。1950〜70年代の高度経済成長期には、製造業を中心に第2次産業で働く人が増える一方、第1次産業が急速に減りました。1990年代以降は、製造業は工場の海外移転などによる産業の空洞化が進んだことで、第2次産業の割合が減っています。その代わりに第3次産業が大幅に増え

6 産業三部門別人口の変化

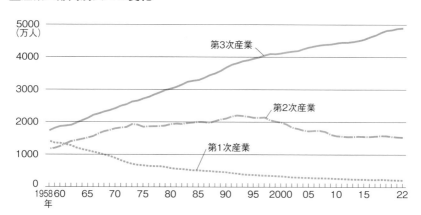

総務省「労働力調査」より作成。月別データの年平均。15歳以上の働く人。1972年まで沖縄県をふくみません。2011年は岩手県、宮城県、福島県をふくむ推計値です。第1次産業は、農業、林業、漁業、第2次産業は、鉱業、採石業、砂利採取業、建設業、製造業、第3次産業はそれ以外の産業です。分類不能な産業はふくみません。

て、現在では働く人全体の70％以上をしめています。

第３次産業には、卸売業、小売業や宿泊業、飲食サービス業、運輸業、金融業など、さまざまな産業があります。それぞれの形も時代とともに変化し、小売業の販売形態は、百貨店や個人商店から、スーパーやコンビニ、通信販売など種類が増えました。また、近年は「情報通信業」や、高齢化が進み介護などへの需要が増える中で「医療、福祉」で働く人が増えています。

⑦産業三部門別人口割合

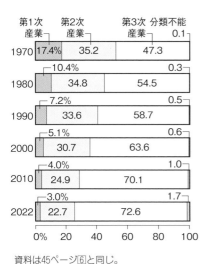

資料は45ページ⑥と同じ。

⑧産業別の人口 （2022年）

	万人	%
第１次産業	205	3.0
農業、林業	192	2.9
漁業	13	0.2
第２次産業	1 525	22.7
鉱業、採石業[1]	2	0.0
建設業	479	7.1
製造業	1 044	15.5
第３次産業	4 881	72.6
電気・ガス・水道業[2]	32	0.5
情報通信業	272	4.0
運輸業、郵便業	351	5.2
卸売業、小売業	1 044	15.5
金融業、保険業	160	2.4
不動産業、物品賃貸業	141	2.1
学術研究、専門・技術サービス業	254	3.8
宿泊業、飲食サービス業	381	5.7
生活関連サービス業、娯楽業	225	3.3
教育、学習支援業	349	5.2
医療、福祉	908	13.5
複合サービス事業[3]	50	0.7
サービス業	463	6.9
公務	251	3.7
計×	**6 723**	100.0

資料は45ページ⑥と同じ。1）砂利採取業をふくみます。2）熱供給をふくみます。3）郵便局、協同組合。×分類不能の産業をふくむため、各産業を足しても計と合いません。

企業の数と売上高

　総務省による2021年の調査では、2021年6月1日現在、日本にある企業等の数は368万でした。産業別にみると、卸売業、小売業が74.1万で最も多く、次いで宿泊業、飲食サービス業の42.7万、建設業42.6万と続いています。

　また、2020年の企業等の売上高の合計は1693兆円でした。産業別にみると、卸売業、小売業が480兆円で全体の28.4％と最も多く、次いで製造業の387兆円（22.9％）、医療、福祉の173兆円（10.2％）となっています。

9 産業別の企業数割合

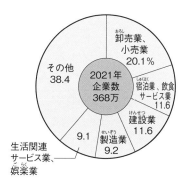

資料は右の10と同じ。6月1日現在。

10 産業別の企業数・売上高

	企業数[1] （2021年）	売上高 （2020年）
	万	兆円
農林漁業[2]	3.5	5.9
鉱業、採石業[3]	0.1	1.5
建設業	42.6	120.0
製造業	34.0	387.1
電気・ガス・水道業[4]	0.5	36.2
情報通信業	5.7	75.5
運輸業、郵便業	6.7	62.2
卸売業、小売業	74.1	480.2
金融業、保険業	3.1	117.8
不動産業、物品賃貸業	32.8	59.5
学術研究、専門・技術サービス業	21.5	48.0
宿泊業、飲食サービス業	42.7	20.8
生活関連サービス業、娯楽業	33.5	30.5
教育、学習支援業	10.9	17.4
医療、福祉	29.9	173.3
複合サービス事業[5]	0.5	8.9
サービス業[6]	26.3	48.5
合計	**368.4**	**1 693.3**

総務省「2021年経済センサス-活動調査」より作成。国・地方自治体の企業をふくみません。また、本社と支社がある企業は、まとめて1つとして数えています。1) 2021年6月1日現在。2) 個人経営をふくみません。3) 砂利採取業をふくみます。4) 熱供給をふくみます。5) 郵便局、協同組合。6) ほかに分類されないもの。

2
財政

①お金の流れ

国・地方自治体

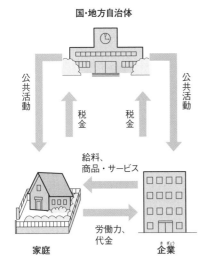

公共活動

税金

公共活動

税金

給料、商品・サービス

労働力、代金

家庭

企業

財政の働きと仕組み

　財政とは、国と地方自治体が税金などのお金を使って、私たちの生活に必要なモノやサービスを提供する経済活動です。財政には大きく分けて3つの役割があります。

　1つめは、道路や港などをつくる公共事業や、治安を守る警察、消防、学校教育など、利益を得られず民間で行うのは難しいけれど、国民の生活に必要なモノやサービスを提供することです。

　2つめは、収入が多い人にはより多くの税金を納めてもらい、収入が少なくて困っている人には生活保護などのサービスを行うことで、収入の多い人と少ない人との差を小さくすることです。

　3つめは、政府支出や税金を増減することで、世の中のお金の量を調節し、景気を安定させることです。景気が良いときは、物価が上がりすぎないように増税するほか、公共事業を減らします。景気が悪いときには、減税のほか公共事業を増やして生産や消費を活発にします。

歳入と歳出

　財政では、年に一度、税金などの収入と、その使い道について見積もりを行い、予算を決めます。予算をつかう期間は、4月から翌年3月までの1年間で、これを会計年度といいます。会計年度の収入を「歳入」、支出を「歳出」といいます。

　最近は、歳入のうち、税金で支えられているのは全体の3分の2ほどで、残りの3分の1は国債（公債金）という形の借金で補っています。また、歳出では、医療、年金、介護などの費用である社会保障費や、国の借金を返すための国債費、地方への交付金など、使い道が決まっているお金が全体の3分の2をしめていて、新たな政策に使えるお金を確保することが難しくなっています。

②国の歳入と歳出の内訳 （2023年度、予算案）

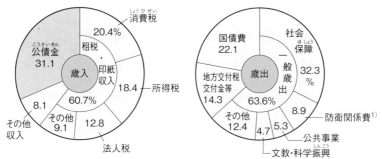

財務省「日本の財政関係資料（令和5年10月）」より作成。当初予算の一般会計歳入と歳出。
総額はともに114兆3812億円。1）防衛力強化資金繰入れをふくみます。

③地方財政の歳入と歳出 （2021年度、決算額）

歳入 128.3兆円	地方税 33.1%	国庫支出金 25.0	地方交付税 15.2	地方債 9.2	その他 17.5

歳出 123.4兆円	民生費 25.4%	教育費 14.4	商工費 12.1	土木費 10.3	公債費 10.3	その他 27.5

0%　10　20　30　40　50　60　70　80　90　100

総務省「地方財政白書」より作成。

厳しい財政

日本では、1991年にバブル経済が崩壊したことをきっかけに、税収が長い間のび悩みました。一方で、歳出は増え続けたため、税収と歳出の差はどんどん広がりました。必要なお金のうち、税収でまかなえない分については、国債を発行して、不足を穴埋めしてきました。こうした、歳入の不足を埋めるための国債は、赤字国債と呼ばれ、その残高は年々増え続けています。

最近は、年金や医療費などの社会保障費がかさむほか、税収が足りない地方自治体への交付金などで歳出が増えています。2020年度には、新型コロナ対策のために歳出が大きく拡大し、国債発行額は100兆円をこえました。税収はここ数年で増えていますが、歳出が税収より多い状況は変わらず、国債の発行額はコロナ前より多い状態が続いています。

国債は借金のため、いずれお金を返さなければなりません。返すためのお金は将来世代の税金が使われるため、国債によって未来へ負担が先送りされていると批判されています。

4 国の歳出、税収および国債発行

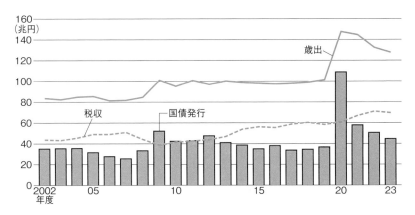

財務省資料より作成。歳出は、一般会計総額、税収は租税および印紙収入のことです。2022年度までは決算、2023年度は補正後予算によります。

⑤国債残高の推移 (会計年度末現在)

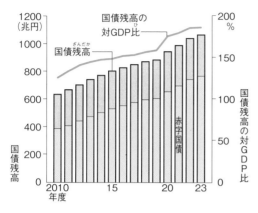

財務省資料より作成。普通国債。2022年度は第2次補正予算、2023年度は予算に基づく見込みの額です。GDPは、2021年度までは実績値、2022年度以降は政府経済見通しによるものです。

左図の説明 国債残高（税収だけでは足りない分のお金を用意するための赤字国債と、道路などを整備する公共事業に使われる建設国債などの残高の合計）を表した図です。赤字国債の残高が年々増えていることがわかります。これは、歳出が増えている一方で、それに足りるほどの税収がなく、その差を埋めるために赤字国債が毎年発行されているためです。国債残高は、2023年度末には1068兆円に達するとみられています。

右図の説明 各国の債務（国債や地方債などの借金）が、それぞれの国の経済活動の大きさ（GDP）の何％にあたるかを表した図です。借金をどのくらい負担できるかは、税収を生み出す元となる経済活動によって違います。そのため、各国の借金をほかの国と比べる場合には、GDPとの割合で表します。日本の借金の総額は、1年間のGDPのおよそ2.6倍にまでふくらんでいます。これは、その他の国と比べてもひときわ高い水準で、日本の借金の総額が非常に大きいことがわかります。

⑥債務残高の国際比較 (対GDP比)

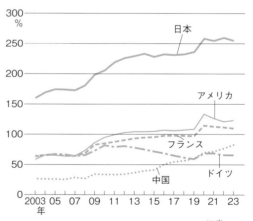

IMF "World Economic Outlook" より作成。一般政府（中央政府、地方政府、社会保障基金を合わせたもの）ベース。日本は2021年以降、その他の国は2022年以降が推計値です。

第2章／経済と財政・金融

3
金融・為替

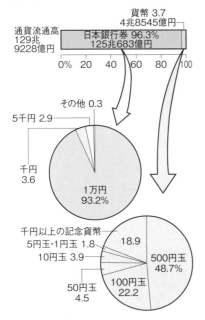

1 日本銀行券と貨幣の出回り高

日本銀行データより作成。2022年12月末現在。

私たちの生活とお金

　私たちは、ふだん買い物をするとき、商品を受け取る代わりにお金を支払います。企業は、商品やサービスを提供することでお金を受け取り、給料の支払いや商品の生産などのための資金にします。このように、お金には交換の手段としての役割があります。また、お金は商品の価値をはかる共通のモノサシとしての役割もはたしていて、値段で商品を比べることができます。

　近年、現金を使わずに支払いをする、キャッシュレス決済の機会が増えてきました。現金を持っていなくても買い物ができ、支払いを素早く行える便利さがあります。キャッシュレス決済はお店側にもメリットがあり、レジでの作業にかかる時間が減るほか、決済のデータを活用し、新しいサービスや商品の開発を行うことなどができます。今後キャッシュレス決済はさらに広がっていくと期待される一方、不正利用も発生しており、安全性については課題があります。

②キャッシュレス決済比率と支払額の推移

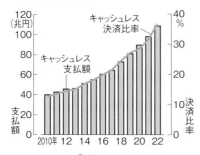

キャッシュレス推進協議会「キャッシュレス・ロードマップ2023」より作成。キャッシュレス支払額は、クレジットカード、デビットカード、電子マネー、コード決済の支払額の合計。キャッシュレス決済比率は、内閣府「国民経済計算」の民間最終消費支出（名目）に対するキャッシュレス支払額の比率。

キャッシュレス決済 紙幣や硬貨などの現金を使わずにお金を支払うことをキャッシュレス決済といいます。2022年のキャッシュレス決済金額は111兆円で、全体の36.0％をしめました。最もよく使われている方法がクレジットカードで、ほかにも、二次元バーコードで支払いを行うコード決済やIC型カードに入金（チャージ）して支払う電子マネー決済などがあります。中でも、コード決済は利用回数が増えていて、2022年には電子マネーの利用回数を上回り、クレジットカードに次いで使われる回数の多い決済手段になりました。

③キャッシュレス決済の利用回数

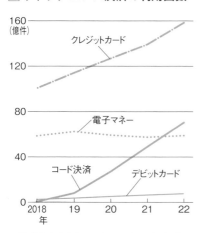

日銀「決済動向」、日本クレジット協会「クレジットカード動態調査」、キャッシュレス推進協議会「コード決済利用動向調査」より作成。

④キャッシュレス決済比率の国際比較

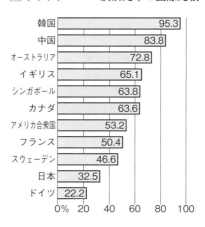

資料は②と同じ。原資料は、BIS（国際決済銀行）資料によるキャッシュレス決済金額を世界銀行公表の民間最終消費支出で割ったもの。2021年。韓国・中国・カナダは原資料が異なるため参考値。

金融

　私たちの生活では、さまざまな場面でお金が使われます。しかし、いつでも必要な分のお金があるとはかぎりません。そこで、お金が余っている人とお金が不足している人のあいだで、お金を貸し借りし、お金を借りた人は、あとで借りた金額に利子をつけて返します。このように、資"金"を"融"通することを金融といいます。

　金融には「直接金融」と「間接金融」があります。直接金融は、お金を必要とする会社や国・地方自治体が、株式や債券といった証券を発行して、証券を買ってもらうことでお金を調達する方法です。お金を出して証券を買った人は、配当や利子をもらえると期待できますが、会社の倒産などでお金が戻ってこないリスクを背負います。一方、間接金融は、お金を必要とする人や会社が、金融機関を通してお金を調達する方法です。銀行などの金融機関は、いろいろな人から預かったお金を、お金が必要な人に貸し出しています。つまり、ほかの人のお金を、銀行を通して間接的に借りることになるため、間接金融といいます。

5 直接金融と間接金融

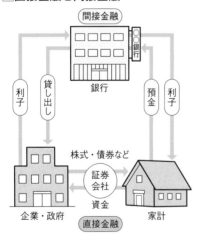

6 国内銀行の貸出先

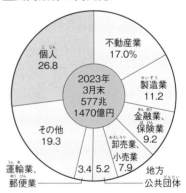

不動産業 17.0%
製造業 11.2
金融業、保険業 9.2
卸売業、小売業 7.9
地方公共団体
運輸業、郵便業
個人 26.8
その他 19.3
2023年3月末 577兆1470億円
3.4
5.2

日本銀行「貸出先別貸出金」より作成。国内銀行の銀行勘定、信託勘定および海外店勘定（国内向け）の合計。

株式とは、会社がお金を集めるために発行する証券のことです。会社は株式を買ってもらうことでお金を集めます。株式を買った人のことを株主と呼びます。会社は、集めたお金をつかって事業を行い、利益が出たら、株主に配当金などをわたして、利益の一部を分けます。

　株式は、証券会社を通して、だれでも株式市場で売買することができます。株式の値段は、株式を発行した会社の評価によって変わります。会社に魅力を感じる人が多いと、株式を買う人が増えて、値段が上がります。反対に、不安を感じる人が増えると、株式を売る人が増えて、値段が下がります。

7 株式とは

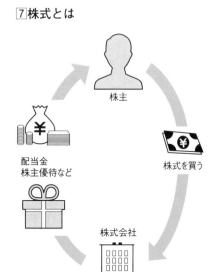

株主

配当金
株主優待など

株式を買う

株式会社

8 債券とは

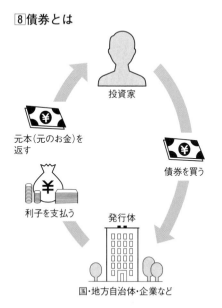

投資家

元本(元のお金)を
返す

債券を買う

利子を支払う

発行体

国・地方自治体・企業など

債券とは、会社などがお金を借りるために発行する証券のことです。会社が発行する社債、国が発行する国債、地方公共団体が発行する地方債など、発行体によって呼び名が異なります。

　債券の発行体は、債券を買ってもらうことでお金を借り、期限(償還日)が来たら債券の持ち主にお金を返します。お金を返す時には利子をつけて返します。元のお金に対する利子の割合のことを金利といいます。

　債券も証券会社を通して売買することができます。償還日に支払われる金額(元のお金＋利子)が決まっているため、株式よりも値動きが落ち着いています。

外国為替

　国や地域によって、使われるお金の種類は違います。日本のお金は「円」ですが、アメリカ合衆国は「ドル」で、ヨーロッパには「ユーロ」があります。日本円を他の国で使うことはできないので、国をまたいでお金をやり取りする時は、円を他の国の通貨に交換する必要があります。円と外国のお金を交換する仕組みが外国為替市場で、通貨の交換比率のことを為替相場（為替レート）といいます。為替相場は、国の政策やさまざまな社会の動きの影響を受けて常に変動しています。

　2022年以降、外国の通貨に対して日本円の価値が下がる「円安」が進みました。アメリカのドルに対する日本円の価値は、2022年の始めには1ドルあたり115円台でしたが、2023年は130円から150円台を推移していて、円安の状況が続いています。

　この円安は、アメリカと日本の金融政策の違いなどにより起きているものです。円安によって外国人観光客の数が増えて、日本各地の観光地ににぎわいが戻った一方で、食料や原油などの輸入価格が日本円で大きく上昇したため、さまざまな商品が値上がりして、人々の生活に影響が出ています。

9 円の対ドル相場（1ドルにつき　円）

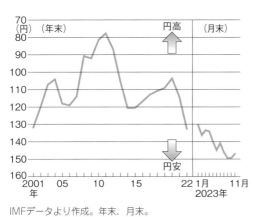

IMFデータより作成。年末、月末。

円高と円安　外国通貨に対して円の価値が上がることを円高、下がることを円安といいます。1ドル＝110円が、100円になると円高です。1ドルを手に入れるために必要な円が少なくすむので、円の価値が上がったことになるからです。反対に、必要な円が多くなると、円の価値は下がったことになります。

日本各地の漁場から、以前はたくさんとれた魚が最近とれなくなったという声が聞かれます。一方で、九州や西日本で多くとれていたブリやフグなどの漁獲量は、近年、北海道が全国1位となっています。この変化は、地球温暖化により海水温が上昇したために、魚が適した水温を求めて回遊経路を変えていることが原因と言われています。写真は2023年に記録的不漁となった北海道産の秋さけ（右の2匹）（共同通信社提供）。

1

農業

低い食料自給率

　農業は、田や畑、果樹園でコメ、野菜、果物などの作物を生産する産業です。また、牛やぶた、ニワトリなどの家畜を育てて、肉や乳製品などを作ることも農業です。日本の国土は、山地が多く平地が少ないために、大規模な農業を行いやすい土地ではありません。それでも、日本各地では主食のコメをはじめ、特色のある農作物が作られています。

　消費される食料のうち、国内で作られた割合を食料自給率といいます。日本の全体の食料自給率（カロ

食料自給率

　国内で消費に回された食料のうち、国内で生産されたものの割合を食料自給率といいます。全体の食料自給率は、カロリー（わたしたちの健康と生命を保つために必要な熱量）や生産額（食べ物の金額）を共通の「ものさし」にして計算しています。コメや小麦などの品目別自給率は、それぞれの品目で最も計算しやすい重量ベースを使って自給率を計算しています。

①食料自給率の変化

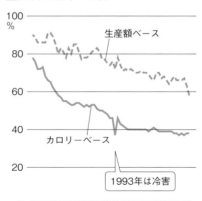

資料は59ページ③に同じ。会計年度。

リーベース）は、1960年度は79％でしたが、1971年度に50％台、1989年度に40％台に低下し、2022年度は38％（概算(がいさん)）になりました。ほかの国々と比べると、日本の食料自給率はとても低いことがわかります。足りない食料は、外国からの輸入(ゆにゅう)に頼(たよ)っていますが、今後は、国内で食料の生産を増やしていくことが大切です。

2022年度の品目別の食料自給率（概算）をみると、主食のコメは99％でほぼすべてが国産です。一方、小麦は15％、大豆は6％、果物は39％と低く、輸入された食品を食べる割合が高い作物です。肉類の食料自給率は53％ですが、飼料(しりょう)（家畜(かちく)にあたえるエサ）の自給率を考えると、肉類の自給率は8％になっています。

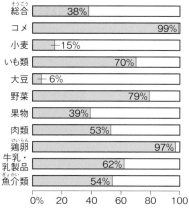

2 品目別の食料自給率 （2022年度）

総合(そうごう)	38%
コメ	99%
小麦	15%
いも類	70%
大豆	6%
野菜	79%
果物	39%
肉類	53%
鶏卵(けいらん)	97%
牛乳・乳製品	62%
魚介類(ぎょかい)	54%

資料は下の 3 に同じ。総合はカロリーベース、品目別は重量ベース。概算値。

3 おもな国の食料自給率 （2020年）

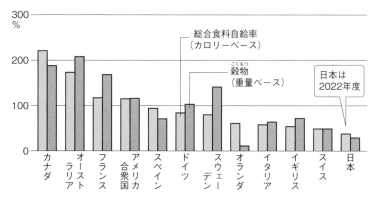

総合食料自給率（カロリーベース）
穀物(こくもつ)（重量ベース）
日本は2022年度

カナダ／オーストラリア／フランス／アメリカ合衆国／スペイン／ドイツ／スウェーデン／オランダ／イタリア／イギリス／スイス／日本

農林水産省「食料需給(じゅきゅう)表」より作成。穀物はコメや小麦など。

日本の農業の変化

第1次産業は、人々の生活に必要な生産物を作る活動で、おもな産業は農業です（ほかに、林業や水産業）。日本の産業の中心は、戦後、第1次産業から製造業などの第2次産業、サービス業などの第3次産業へと変化しました。多くの若い働き手が農村から都市部へ移り住み、工場などで仕事について、農業で働く人の数は減少しました。

現在も、農業をする人の数は減り続けています。農業は仕事が大変なわりに十分な収入を得ている人が少なく、新しく農業を始める人も増えていません。ふだん仕事として農業をしている人（基幹的農業従事者）

4 **農業経営体**

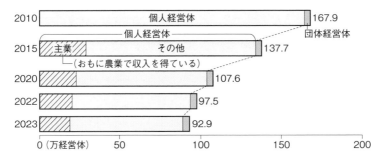

農林水産省「2020年農林業センサス」、「農業構造動態調査」より作成。農業経営体は、農産物の生産またはサービスを行っています。個人経営体は、個人または1家族（世帯）によって農業を営んでいて、団体経営体は、複数の個人や家族によって農業を営んでいます。個人経営体のうち、主業経営体は収入の半分以上が農業から所得を得ています（2010年のデータは不明）。

農家と農業経営体　農業に関する統計は、世帯である「農家」単位で調査されてきました。しかし、2005年の農林業センサスから、経営に着目した「農業経営体」を一つのまとまりとして調査するようになっています。農業経営体は、一定規模以上の農産物の生産や農業サービスを行うもので、2020年農林業センサスからは、個人経営体（いわゆる農家で非法人）と団体経営体（法人と非法人）に分類されます。おもに農業で収入を得ている個人経営体は、主業経営体と呼ばれています。

は2010年に205万人いましたが、2023年には116万人に減少し、その70.8%が65歳以上と高齢化が進んでいます（図⑤参照）。

　耕地面積は、戦後、工場や道路、住宅などへ変わっていきました。また、高齢化で農業をやめる人が増えていることから、耕作を1年以上行っていない土地（耕作放棄地）が拡大しました。1960年に607.1万ヘクタールだった耕地は、2023年には429.7万ヘクタールに減少しています。近年は、広い耕地を使って農作物を作る農業経営体が増え、特に北海道では1農業経営体あたりの平均耕地面積が34.0ヘクタールに広がっています（図⑦参照）。

⑤農業で働く人と高齢化

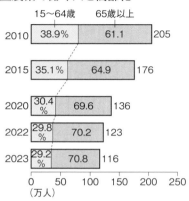

資料と注記は60ページ④に同じ。個人経営体（2010年は販売農家）のうち、ふだん仕事として農業をしている人の数です（基幹的農業従事者）。

⑥耕地面積の変化

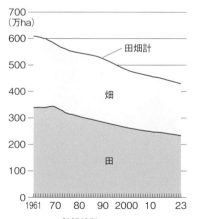

農林水産省「作物統計調査（耕地面積）」より作成。1ha（ヘクタール）は100m×100m＝10000m²。

⑦1農業経営体あたりの経営耕地面積

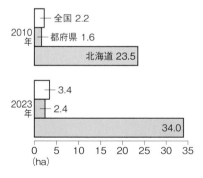

資料は60ページ④に同じ。

農業の産出額

農業総産出額は、国内で生産された農産物（加工農産物をふくみます）の売上げの総額です。2021年の農業総産出額は8兆8384億円で、その内訳は畜産が38.5％と最も多く、野菜が24.3％、コメが15.5％でした。

都道府県別で品目ごとに農業産出額をみると、コメは新潟県が全国の9.1％、北海道7.6％、秋田県6.4％、山形県5.1％と、寒い地域で多く作られています。コメは、もともと暖かいところで作られていましたが、寒いところでも生産できるように品種が改良されました。また、昼と夜

の気温の差が大きい方がおいしいコメが取れるとされ、新潟や北海道、東北地方が適しています。

野菜は、それぞれの品種で生産が盛んな地域が異なります。例えば、じゃがいもは原産地の気候風土に似

8 農業総産出額の内訳

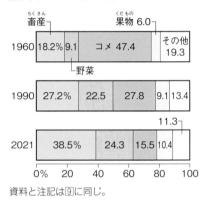

資料と注記は9に同じ。

9 おもな農業総産出額の変化

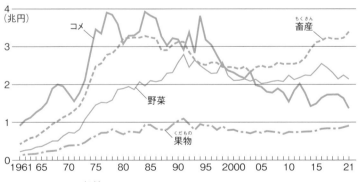

農林水産省「生産農業所得統計」より作成。1975年以前は沖縄県をふくみません。

ている北海道で多く生産されています。ピーマンは茨城県で盛んですが、茨城県は温和な気候と平坦な大地を持ち、温暖で水はけの良い土壌に恵まれています。また、首都圏の近くにあって輸送が便利なことも野菜が盛んに作られる要因です。

果物は、りんごが青森県や長野県、みかんが和歌山県などで多く生産されています。和歌山県は、日当たりが良く温暖な気候に恵まれて、みかんの生産に適しています。

⑩農業の産出額の都道府県別割合 (2021年)

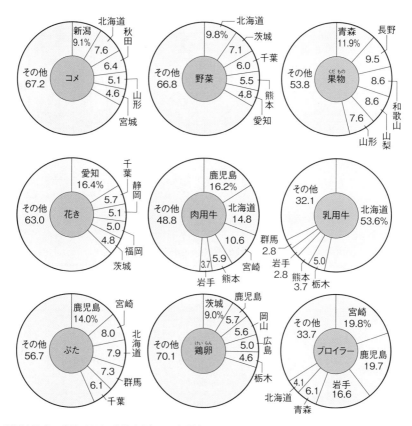

資料は62ページ⑨に同じ。農業産出額で、都道府県の間での取引額をふくみます。

農業の工夫

　日本の農業は、化学肥料の使用や機械化によって、せまい耕地を効率よく利用しています。また品種改良を行って、生産量を増やしてきました。しかし、広い農地で大型機械を使う海外に比べて、値段でかないません。このため、日本では、農産物の安全性や品質を高める工夫や、化学肥料を使わない有機栽培などの取り組みを行っています。日本の農林水産物の安全性は高く評価され、輸出が増えています。

　また、農産物の生産（１次産業）だけでなく、食品加工（２次産業）、流通・販売（３次産業）を行う「６次産業化」を進めています。６次産業の2021年度の販売金額は２兆666億円で、農作物の加工や農産物直売所で約42万人が働いています。

11 農林水産物・食品の輸出額

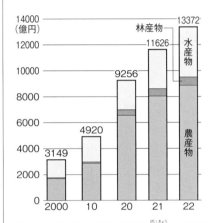

農林水産省「農林水産物輸出入概況」より作成。品目には、アルコール飲料、菓子、たばこ、丸太などをふくみます。

12 農業の６次産業の年間販売金額 （単位　億円）

	2015	2020	2021	1事業体あたり（万円）	従事者（千人）
農作物の加工	8 923	9 187	9 533	3 120	188.8
農産物直売所	9 974	10 535	10 464	4 613	174.7
観光農園	378	293	326	655	42.6
農家民宿	55	36	40	340	4.5
農家レストラン	350	279	303	2 417	12.1
計	**19 680**	**20 329**	**20 666**	3 408	**422.7**

農林水産省「６次産業化総合調査」より作成。会計年度。

第3章／農林水産業

2

コメの生産

コメの生産

　戦後、日本は深刻な食料不足となり、主食コメの生産量を増やすことが重要な課題でした。1960年代には農業用機械の導入や品種改良が進んで、コメ（水稲）の作付面積や生産量が増加し、収穫量は1967年に1426万トンとピークをむかえました。

　食料の安定供給のためコメの生産と供給は政府が管理・調整していました。「食糧管理法」にもとづき、政府はコメを買い取る価格（生産者米価）は生産費などにもとづいて決定し、消費者に売る価格（消費者米価）は安くしていました。

1 農作物の作付延べ面積 （2022年）

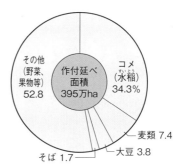

その他（野菜、果物等）52.8
作付延べ面積 395万ha
コメ（水稲）34.3%
麦類 7.4
そば 1.7
大豆 3.8

農林水産省「農作物作付（栽培）延べ面積及び耕地利用率」より作成。

その後、人々の食生活の欧米化が進むと、1962年度をピークにコメの消費量は減り始めます。さらに大豊作が続きコメが余ってきたことから、政府は生産量を抑える「減反政策」を始めました。1969年には、政府を通さずに販売できる「自主流通米制度」が発足し、1972年には消費者米価の自由化が進みました。一方、政府は必要以上の在庫米をかかえることになり、1995年には食糧管理法を廃止しました。

しかし、万が一の事態に備えて、政府はコメを在庫米として保有しています。また、食糧管理法の代わりに1995年に施行された「食糧法（主要食糧の需給及び価格の安定に関する法律）」にもとづいて、次の年の生産の見通しを毎年作成し、必要な量に応じた生産に取り組むことを農家にすすめています。2004年には、食糧法が改正され、現在、コメの流

減反政策 減反はコメの作りすぎで価格が下がることを防ぐために、生産を調整するものです。1970年ごろから休耕（一時的にコメ生産を止める）や転作（ほかの作物を作る）が行われ、減反農家には補助金が支給されました。しかし、減反政策はコメ作りに積極的な農家の意欲を下げることから、2018年度に廃止されました。近年は、少ない作付面積でも収入が得られる高級ブランド米の栽培が増えています。

②コメ（水稲）の作付面積と収穫量

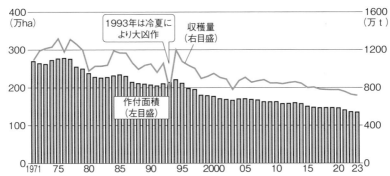

農林水産省「作物統計」より作成。飼料用を除く。水稲とは水田で栽培するイネのことです。ほかに畑で作られる陸稲（「おかぼ」とも言います）があります。2023年データは予想値。

通はほぼ自由化されています。

2023年産のコメの収穫量は717万トン（概算）でした。天候に恵まれ

た北海道では、前年度から収穫量が増えた一方、記録的な高温などで、北陸や東海、近畿では減っています。

③ 地域別のコメ（水稲）の作付面積と収穫量

	作付面積（万ha）		収穫量（万t）			10aあたり収穫量 (kg)	
	1970	2023	1970	2023	〃 (%)	1970	2023
北海道	20.6	9.3	91.4	54.0	7.5	443	579
東北	60.3	34.9	322.5	198.8	27.7	535	569
北陸	33.2	19.8	155.8	101.5	14.2	469	513
関東・東山	49.4	24.0	210.6	130.3	18.2	426	544
東海	22.6	8.7	85.3	42.9	6.0	378	494
近畿	23.0	9.5	91.9	47.6	6.6	400	503
中国	25.1	9.4	100.0	48.3	6.7	399	514
四国	11.9	4.3	43.4	20.8	2.9	365	482
九州	37.5	14.5	151.9	72.2	10.1	405	497
沖縄	…	0.1	…	0.2	0.0	…	318
全国	**283.6**	**134.4**	**1 252.8**	**716.5**	100.0	442	533

農林水産省「作物統計調査」より作成。2023年のデータは12月12日公表の第１報です。a（アール）は面積の単位で100㎡を表します。100aは1ha（ヘクタール）となります。北陸は、新潟、富山、石川、福井の4県。東海は、岐阜、静岡、愛知、三重の4県。東山は、山梨、長野の2県。

④ 県別のコメ（水稲）の収穫量 (2023年)

	収穫量 (t)	割合 (%)	10a あたり (kg)		収穫量 (t)	割合 (%)	10a あたり (kg)
新潟	591 700	8.3	511	千葉	265 700	3.7	557
北海道	540 200	7.5	579	岩手	249 100	3.5	551
秋田	458 200	6.4	552	青森	248 700	3.5	614
山形	359 300	5.0	589	長野	187 900	2.6	614
宮城	344 700	4.8	566	富山	185 900	2.6	528
福島	327 600	4.6	561	兵庫	170 000	2.4	497
茨城	316 400	4.4	530	福岡	157 400	2.2	480
栃木	284 200	4.0	553	熊本	155 400	2.2	518

資料・注記は上の③に同じ。割合は収穫量の全国計にしめる割合です。

コメの貿易

　国際交渉「ガット（GATT）・ウルグアイ・ラウンド」により、1995年度から日本でコメの輸入が始まりました。それまでは、国内のコメ市場と農家を保護するため、輸入をできるだけ行ってきませんでした。しかし、自由貿易が進む中で、輸入が行われていなかった品目について、最低限の輸入（ミニマム・アクセス：MA）を受け入れることになりました。これは国が行う貿易で、コメはMA米として輸入されることになります。MA米は、みそや酒、せんべいなどの原料になるほか、飼料用、海外への援助用に活用されてい

ます。2022年のコメの輸入量は66.9万トンで、アメリカ合衆国が43.9%をしめています。

　一方、最近は日本のコメやコメ加工品の輸出を増やすための取り組みが盛んです。国内ではコメの消費が減っていますが、海外では日本食レストランが増えていて、日本酒も人気です。2022年のコメやコメ加工品の輸出額は748億円で、おもな輸出先は、香港、シンガポール、アメリカ合衆国、台湾、中国などです。

5 日本のコメの輸入相手国

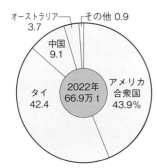

オーストラリア 3.7
その他 0.9
中国 9.1
タイ 42.4
2022年 66.9万 t
アメリカ合衆国 43.9%

財務省「貿易統計」より作成。

6 世界のコメ（もみ）生産 （2022年）

	万 t	%
中国	20 849	26.9
インド	19 625	25.3
バングラデシュ	5 719	7.4
インドネシア	5 475	7.1
ベトナム	4 267	5.5
タイ	3 432	4.4
ミャンマー	2 468	3.2
フィリピン	1 976	2.5
カンボジア	1 162	1.5
パキスタン	1 098	1.4
ブラジル	1 078	1.4
日本	1 036	1.3
ナイジェリア	850	1.1
アメリカ合衆国	727	0.9
世界計	**77 646**	100.0

FAO（国連食糧農業機関）"FAOSTAT"より作成。世界計にはその他の国をふくみます。

3

畑作

ウクライナ侵攻の穀物への影響

2022年2月のロシアによるウクライナ侵攻で、小麦などの穀物価格が急に上がりました。ウクライナは、世界で主要な小麦の生産地です。しかし、戦争で黒海を通じた輸出ができなくなり、特にアフリカの国々では食糧危機が心配される事態になりました。

2022年7月に、国連などの仲介で、ウクライナとロシアは黒海経由の小麦の輸出を続けることを合意しました。2023年は、小麦価格が落ち着いていますが、7月にロシアが合意の停止を発表しており、影響が心配されています。

麦類

麦には小麦や大麦などがあります。小麦は、コメやとうもろこしと並ぶ三大穀物のひとつとして、主にパンや麺類の原料になっています。大麦はビールなどの酒類や麦茶の原料として用いられます。

日本の小麦の生産は、1960年代後半まで100万トン以上ありました。しかし、その後は安くて質の良い輸入品におされて、国内生産が急速に減りました。1980年代になると、コメ余りの対策として麦への転作を進めたことで、近年の生産量は80〜100万トンに回復しています。小麦

① 日本の麦類の収穫量（単位　万 t）

	小麦	大麦	合計
1960	153.1	120.6	383.1
1970	47.4	41.8	104.6
1980	58.3	33.2	96.8
1990	95.2	32.3	129.7
2000	68.8	19.2	90.3
2010	57.1	14.9	73.2
2020	94.9	20.1	117.1
2022	99.4	21.6	122.7
2023	109.7	21.4	132.8

農林水産省「作物統計」より作成。合計にははだか麦をふくみます。2023年は速報値。

は涼しくて乾燥した土地を好むため、梅雨のない北海道が国内生産の62％（2022年）をしめています。

　国内で消費される小麦は8割以上を輸入に頼っています。主な輸入先はアメリカ合衆国、カナダ、オーストラリアで、輸入量全体の99％がこの3か国からのものです（2022年）。

2 小麦の収穫量の多い都道府県 （2022年）

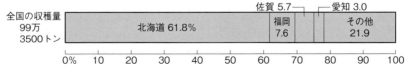

農林水産省「作物統計」より作成。

3 日本の小麦の輸入先

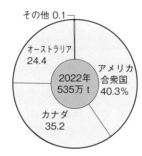

財務省「貿易統計」より作成。

4 小麦の収穫量の多い国

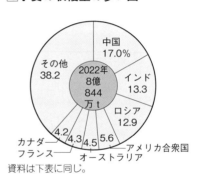

資料は下表に同じ。

5 小麦の輸出と輸入が多い国 （2022年）

輸出	万t	%	輸入	万t	%
オーストラリア	2 878	15.4	中国	987	5.3
アメリカ合衆国	2 092	11.2	インドネシア	946	5.1
フランス	2 015	10.8	トルコ	891	4.8
カナダ	1 855	9.9	エジプト	801	4.3
ロシア	1 783	9.6	アルジェリア	702	3.8
世界計	18 668	100.0	世界計	18 480	100.0

FAO（国連食糧農業機関）"FAOSTAT"より作成。世界計にはその他の国をふくみます。

70

いも・豆・その他の穀物

　世界各地で栽培されている、じゃがいもやさつまいもなどのいも類は、そのまま食用にするほか、でん粉や加工食品の原料に使われます。豆類には大豆・小豆・らっかせいなどがあり、大豆は食用油・豆腐・みその原料になります。その他の穀物には、とうもろこし、そば、あわなどがあります。とうもろこしは、家畜のえさやでん粉の原料となる重要な作物ですが、日本はほぼ全てを輸入に頼っています。

　近年、中国などの新興国でとうもろこしや大豆の消費が増えています。大量に輸出できるのはアメリカ合衆国など一部の国に限られ、穀物価格はこれらの国々の天候に左右されやすくなっています。

6 いも・豆類の収穫量の多い都道府県 (2022年)

●じゃがいも（ばれいしょ）

	t	%
北海道	1 819 000	79.7
鹿児島	97 600	4.3
長崎	83 900	3.7
茨城	48 500	2.1
千葉	28 100	1.2
全国	**2 283 000**	100.0

●さつまいも（かんしょ）

	t	%
鹿児島	210 000	29.5
茨城	194 300	27.3
千葉	88 800	12.5
宮崎	77 900	11.0
徳島	27 000	3.8
全国	**710 700**	100.0

●大豆

	t	%
北海道	108 900	44.9
宮城	15 800	6.5
秋田	11 500	4.7
滋賀	10 600	4.4
福岡	9 790	4.0
全国	**242 800**	100.0

●そば

	t	%
北海道	18 300	45.8
長野	3 190	8.0
茨城	3 000	7.5
栃木	2 760	6.9
山形	2 340	5.9
全国	**40 000**	100.0

農林水産省「作物統計」より作成。全国にはその他の県をふくみます。

7 日本の大豆の輸入先

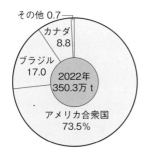

その他 0.7
カナダ 8.8
ブラジル 17.0
2022年 350.3万 t
アメリカ合衆国 73.5%

財務省「貿易統計」より作成。

8 大豆の収穫量の多い国 (2022年)

	万 t	%
ブラジル	12 070	34.6
アメリカ合衆国	11 638	33.4
アルゼンチン	4 386	12.6
中国	2 028	5.8
インド	1 299	3.7
カナダ	654	1.9
ロシア	600	1.7
世界計	**34 886**	100.0

資料と注記は72ページ11に同じ。

9 日本のとうもろこしの輸入先

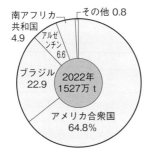

南アフリカ共和国 4.9
その他 0.8
アルゼンチン 6.6
ブラジル 22.9
2022年 1527万 t
アメリカ合衆国 64.8%

資料は7に同じ。

10 とうもろこしの収穫量の多い国 (2022年)

	万 t	%
アメリカ合衆国	34 875	30.0
中国	27 720	23.8
ブラジル	10 942	9.4
アルゼンチン	5 904	5.1
インド	3 373	2.9
メキシコ	2 663	2.3
ウクライナ	2 619	2.3
世界計	**116 350**	100.0

資料と注記は72ページ11に同じ。

11 とうもろこしの輸出と輸入が多い国 (2022年)

輸出	万 t	%	輸入	万 t	%
アメリカ合衆国	5 860	28.0	中国	2 062	10.2
ブラジル	4 339	20.7	メキシコ	1 626	8.1
アルゼンチン	3 541	16.9	日本	1 527	7.6
ウクライナ	2 518	12.0	韓国	1 181	5.9
ルーマニア	554	2.6	スペイン	1 128	5.6
世界計	**20 946**	100.0	世界計	**20 178**	100.0

FAO（国連食糧農業機関）"FAOSTAT" より作成。世界計にはその他の国をふくみます。

野菜

日本は南北に細長く、季節風や海流の影響などで、地域によって気候が大きく異なります。各地では、その土地の特性を活かした野菜作りが行われています。冬も温暖な宮崎県や高知県では、寒さに弱いピーマン

12 野菜の収穫量の多い都道府県 （Ⅰ）（2022年）

●だいこん

	t	%
千葉	144 900	12.3
北海道	128 800	10.9
青森	107 300	9.1
鹿児島	90 400	7.7
神奈川	75 400	6.4
全国	**1 181 000**	100.0

●はくさい

	t	%
茨城	244 100	27.9
長野	233 500	26.7
群馬	27 000	3.1
埼玉	24 800	2.8
北海道	23 500	2.7
全国	**874 600**	100.0

●キャベツ

	t	%
群馬	284 500	19.5
愛知	268 900	18.4
千葉	109 600	7.5
茨城	106 900	7.3
鹿児島	74 500	5.1
全国	**1 458 000**	100.0

●トマト

	t	%
熊本	130 300	18.4
北海道	62 900	8.9
愛知	47 700	6.7
茨城	46 300	6.5
栃木	32 000	4.5
全国	**707 900**	100.0

●レタス

	t	%
長野	182 600	33.0
茨城	86 800	15.7
群馬	56 700	10.3
長崎	37 000	6.7
静岡	25 700	4.6
全国	**552 800**	100.0

●きゅうり

	t	%
宮崎	64 500	11.8
群馬	55 800	10.2
埼玉	44 000	8.0
福島	40 500	7.4
千葉	31 400	5.7
全国	**548 600**	100.0

農林水産省「作物統計」より作成。全国にはその他の県をふくみます。

やきゅうりなどを温室で作り、ほかの産地より早い時期に出荷する促成栽培を行っています。一方、夏でも涼しい長野県や群馬県の高原地帯では、レタスやキャベツなどをほかの産地より遅らせて出荷する抑制栽培を行っています。促成栽培や抑制栽培の作物は、市場に出回る通常の時

⑬野菜の収穫量の多い都道府県 (Ⅱ)(2022年)

●なす

	t	%
高知	40 600	13.8
熊本	33 400	11.3
群馬	28 500	9.7
茨城	17 900	6.1
福岡	17 500	5.9
全国	**294 600**	100.0

●ねぎ

	t	%
茨城	54 300	12.3
千葉	53 800	12.2
埼玉	51 300	11.6
北海道	19 600	4.4
群馬	18 200	4.1
全国	**442 500**	100.0

●たまねぎ

	t	%
北海道	825 800	67.7
兵庫	86 400	7.1
佐賀	84 000	6.9
長崎	28 800	2.4
愛知	25 000	2.1
全国	**1 219 000**	100.0

●にんじん

	t	%
北海道	168 200	28.9
千葉	110 500	19.0
徳島	48 500	8.3
青森	34 400	5.9
長崎	32 900	5.7
全国	**582 100**	100.0

●ピーマン

	t	%
茨城	33 300	22.2
宮崎	28 100	18.7
高知	13 800	9.2
鹿児島	13 300	8.9
岩手	8 480	5.7
全国	**150 000**	100.0

●ほうれんそう

	t	%
群馬	22 300	10.6
埼玉	21 800	10.4
千葉	20 700	9.9
茨城	18 100	8.6
宮崎	12 200	5.8
全国	**209 800**	100.0

資料は73ページ⑫に同じ。全国にはその他の県をふくみます。1）野菜と同じように苗を植えて1年で収穫するため、野菜として扱っています。

期を外して出荷され、農家はより高い価格（かかく）で売ることができます。

　千葉県や茨城県など大都市周辺で行われる農業を近郊（きんこう）農業といいます。東京などの大消費地（しょうひち）に近く、野菜を新鮮（しんせん）なまま消費者（しょうひ）に届（とど）けることができるため、野菜の生産が盛（さか）んになっています。

●いちご1)

	t	%
栃木	24 400	15.1
福岡	16 800	10.4
熊本	11 700	7.3
愛知	10 600	6.6
静岡	10 400	6.5
全国	**161 100**	100.0

●すいか1)

	t	%
熊本	48 000	15.2
千葉	36 800	11.6
山形	31 400	9.9
新潟	19 000	6.0
鳥取	19 000	6.0
全国	**315 900**	100.0

●メロン1)

	t	%
茨城	33 700	23.7
熊本	24 400	17.1
北海道	19 900	14.0
愛知	9 870	6.9
山形	9 550	6.7
全国	**142 400**	100.0

14 野菜の収穫量と輸入（ゆにゅう）の変化

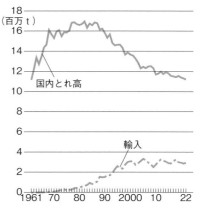

農林水産省「食料需給表（じゅきゅうひょう）」より作成。会計年度。2022年度は概算値。

15 野菜の輸入先

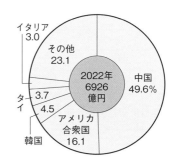

財務省「貿易統計」より作成。

果物

日本の国土は南北に長く、地域で気候が大きく異なるため、全国各地でさまざまな果物が作られています。みかんは、和歌山県や愛媛県といった温暖な地域で作られ、りんごは青森県や長野県など涼しい地域で作られます。ぶどうやももは、1日のなかで寒暖差がある地域の方が生産に向いており、山梨県や長野県などの盆地で作られています。

果物の生産は、1979年度の685万トンをピークに年々減少しています。代わりに、輸入量がのびて、1994年度は国内生産を上回りました。しか

し、日本人の果物を食べる量はのびなやみ、1990年代半ば以降の輸入量はあまり増えず、2022年度は423万トン（概算）になっています。

果物農家は、品種改良や育て方の

17 果物の収穫量と輸入の変化

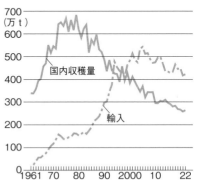

農林水産省「食料需給表」より作成。会計年度。2022年度は概算値。

16 おもな果物の収穫量の変化

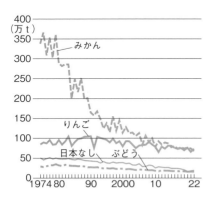

資料は77ページ19に同じ。

18 果物の輸入先

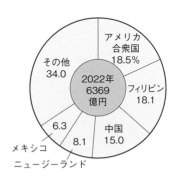

財務省「貿易統計」より作成。

工夫によって、さらにおいしい果物をつくる努力をしています。その結果、日本の果物は品質が高まり、世界的に評価されるようになりました。しかし、ぶどうなどの品種が韓国や中国などに無断で持ち出され、現地での生産が増えています。日本政府は2020年に法律を改正し、品種の無断持ち出しを禁止するなど、日本の品種を守ろうとしています。

19 果物の収穫量の多い都道府県 （Ⅰ）(2022年)

●りんご

	t	%
青森	439 000	59.6
長野	132 600	18.0
岩手	47 900	6.5
山形	41 200	5.6
福島	23 700	3.2
全国	**737 100**	100.0

●みかん

	t	%
和歌山	152 500	22.4
愛媛	109 300	16.0
静岡	103 000	15.1
熊本	75 000	11.0
長崎	40 400	5.9
全国	**682 200**	100.0

●日本なし

	t	%
千葉	19 200	9.8
茨城	17 800	9.1
栃木	17 000	8.7
福島	15 200	7.7
長野	13 000	6.6
全国	**196 500**	100.0

●ぶどう

	t	%
山梨	40 800	25.1
長野	28 900	17.8
岡山	14 600	9.0
山形	14 000	8.6
福岡	7 170	4.4
全国	**162 600**	100.0

●もも

	t	%
山梨	35 700	30.5
福島	27 700	23.7
長野	12 000	10.3
山形	9 800	8.4
和歌山	8 010	6.9
全国	**116 900**	100.0

●かき

	t	%
和歌山	42 000	19.4
奈良	29 500	13.7
福岡	17 700	8.2
岐阜	16 200	7.5
愛知	15 200	7.0
全国	**216 100**	100.0

農林水産省「作物統計」より作成。全国にはその他の県をふくみます。

20 果物の収穫量の多い都道府県

（Ⅱ）（2022年）

● うめ

	t	%
和歌山	64 400	66.7
群馬	3 680	3.8
山梨	1 710	1.8
三重	1 500	1.6
全国	**96 600**	100.0

● キウイフルーツ

	t	%
愛媛	4 790	20.9
福岡	3 990	17.4
和歌山	3 350	14.6
神奈川	1 140	5.0
全国	**22 900**	100.0

● びわ

	t	%
長崎	853	33.7
千葉	417	16.5
鹿児島	189	7.5
兵庫	146	5.8
全国	**2 530**	100.0

● おうとう（さくらんぼ）

	t	%
山形	12 400	77.0
全国	**16 100**	100.0

資料は77ページの19に同じ。全国にはその他の県をふくみます。

工芸作物

工芸作物とは、工芸や工業の原料として利用するために作られる作物です。食用作物でも、工業の原料として生産される場合は、工芸作物に分類されます。工芸作物は、地域の特産物となっているものも多いです。茶は、温暖で水はけのよい土地を好み、静岡県や鹿児島県で生産が盛んです。さとうきびは、温暖な気候で良く育つため、南西諸島の特産物です。こんにゃくいもは群馬県で、畳の材料となるいぐさは熊本県でおもに作られます。一方、たばこはほぼ全国で栽培されています。

21 おもな工芸作物の収穫量の変化

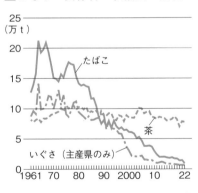

資料は79ページ22に同じ。茶は荒茶で、一部の年は主産県のみの調査です。

78

22 工芸作物の収穫量の多い都道府県 (2022年)

●たばこ

	t
熊本	1 869
岩手	1 143
長崎	1 099
沖縄	800
青森	797
宮崎	684
鹿児島	484
佐賀	384
福島	275
全国	**8 782**

農林水産省「作物統計」および全国たばこ耕作組合中央会資料より作成。全国にはその他の県をふくみます。てんさいは北海道のみ、いぐさは熊本のみの調査。1) 主産県の合計。四捨五入の関係で、各県の合計と全国の値は合いません。

●茶（荒茶）

	t
静岡	28 600
鹿児島	26 700
三重	5 250
宮崎	3 000
京都	2 600
福岡	1 750
熊本	1 290
埼玉	729
全国	**77 200**

●さとうきび

	万t
沖縄	73.8
鹿児島	53.4
全国	**127.2**

●こんにゃくいも

	t
群馬	49 200
全国1)	**51 900**

●てんさい

	万t
北海道	354.5

●いぐさ

	t
熊本	5 810

23 茶・コーヒー・カカオの収穫量の多い国 (2022年)（単位 万t）

茶葉（生のもの）		コーヒー豆		カカオ豆	
中国	1 453.1	ブラジル	317.3	コートジボワール	223.0
インド	596.9	ベトナム	195.4	ガーナ	110.9
ケニア	232.6	インドネシア	79.5	インドネシア	66.7
スリランカ	140.0	コロンビア	66.5	エクアドル	33.7
トルコ	130.0	エチオピア	49.6	カメルーン	30.0
ベトナム	111.7	ウガンダ	39.4	ナイジェリア	28.0
インドネシア	59.5	ペルー	35.3	ブラジル	27.4
バングラデシュ	44.0	インド	33.9	ペルー	17.1
アルゼンチン	35.5	ホンジュラス	31.5	ドミニカ共和国	7.6
世界計	**2 976.1**	世界計	**1 078.2**	世界計	**587.5**

FAO（国連食糧農業機関）"FAOSTAT"より作成。世界計にはその他の国をふくみます。

4

畜産

畜産のすがた

高度経済成長期以降、日本人は肉や乳製品などの畜産物を多く食べるようになりました。それにともない、畜産業は発達していきました。

日本で、畜産業が最も盛んなのは北海道です。北海道は、広大な牧草地にめぐまれ、他県よりも大規模な事業を行っています。しかし、外国に比べるとまだ規模が小さく、効率の面でおとっています。そのため、国産の食肉価格は、外国産よりも高くなっています。

牛肉は、1991年に輸入が完全に自由化されました。そして、安い外国産が大量に流通するようになりました。

家畜の飼料自給率 家畜には飼料（エサ）が必要ですが、日本はその多くを輸入に頼っています。2022年度（概算値）の飼料自給率は26％で、74％は海外産です。飼料をふくめた肉類の食料自給率は8％と、とても低いです（81ページ[1]）。今後、飼料の輸入が滞ったときにも肉類を安定供給できるように、国内で牧草や飼料生産を増やすことが重要となっています。

2022年には、アメリカ合衆国から最も多く牛肉を輸入（重量ベース）しており、次いでオーストラリア、カナダとなっています。日本各地では、外国産に対抗しようと品質を上げて、ブランド化を進めています。

1 畜産の食料自給率（重量ベース）(会計年度)

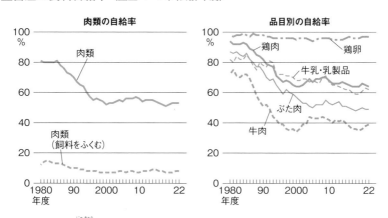

農林水産省「食料需給表」より作成。2022年度は概算値。肉類はくじらをふくみません。家畜の飼料自給率は左ページの説明を参考にしてください。

2 畜産の食料需給表（2022年度概算値）(単位　千ｔ)

	国内総生産	貿易		国内消費仕向量[1]	供給純食料[2]
		輸入量	輸出量		
肉類[3]	3 473	3 191	16	6 570	4 253
牛肉	497	804	11	1 259	776
ぶた肉	1 287	1 407	2	2 650	1 634
鶏肉	1 681	937	3	2 616	1 818
鶏卵	2 537	117	27	2 627	2 115
牛乳・乳製品[4]	7 532	4 450	137	12 206	11 736
飲用向け	3 941	0	8	3 933	3 888
乳製品向け	3 545	4 450	129	8 227	7 834

農林水産省「食料需給表」より作成。1）国内で消費に回された食料の量。食用以外の飼料用などの量もふくみます。2）人間が食べることができる量。野菜のしんや魚の骨など、ふつう食べない部分は除いています。3）その他の肉とくじらをふくみます。4）農家の自家用をふくみます。

近年は、飼料の価格が上昇しており、畜産業の経営を圧迫しています。2022年2月に始まったロシアによるウクライナ侵攻や急激な円安によって、飼料となる麦やトウモロコシなどの穀物価格が急上昇しました。また、豚熱（CSF）や鳥インフルエンザなどが大きな被害をおよぼしており、これら感染症への対策も負担が重くなっています。さらに、2023年は猛暑で、生乳生産量の減少や、牛が熱中症で死亡する被害も出ています。

③ 畜産物の1人1日あたり供給純食料 （会計年度）

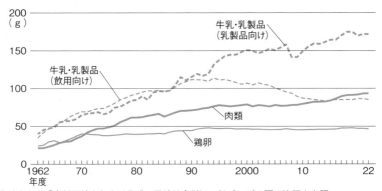

農林水産省「食料需給表」より作成。供給純食料は、81ページの②の注記を参照。

④ 家畜の飼養戸数と飼養頭数・羽数

	飼養戸数（千戸）		飼養頭・羽数（千頭・千羽）		1戸あたり飼育頭・羽数（頭・羽）	
	2000	2023	2000	2023	2000	2023
乳用牛	33.6	12.6	1 764	1 356	53	108
肉用牛	116.5	38.6	2 823	2 687	24	70
ぶた	11.7	3.4	9 806	8 956	838	2 658
採卵鶏	4.9	1.7	178 466	169 810	1) 28 704	1) 76 082
ブロイラー	3.1	2.1	108 410	141 463	35 175	67 363

農林水産省「畜産統計」より作成。2月1日現在。採卵鶏は卵をとるためのにわとりで、飼育羽数が1000羽以上の飼養者のみ。ブロイラーは肉用のにわとりで、2023年のデータは調査時点から過去1年間で3000羽以上出荷した飼養者のみ。1) 6か月以上のめすの1戸あたり飼育羽数。

5 畜産の盛んな都道府県 (2023年2月1日現在)

乳用牛	飼養戸数 (戸)	飼養頭数 (千頭)	1戸あたり (頭)
北海道	5 380	843	157
栃木	592	54	91
熊本	467	44	94
岩手	728	40	55
群馬	379	33	87
全国	**12 600**	**1 356**	108

肉用牛	飼養戸数 (戸)	飼養頭数 (千頭)	1戸あたり (頭)
北海道	2 180	566	260
鹿児島	6 350	358	56
宮崎	4 700	260	55
熊本	2 090	139	67
長崎	2 080	92	44
全国	**38 600**	**2 687**	70

ぶた	飼養戸数 (戸)	飼養頭数 (千頭)	1戸あたり (頭)
鹿児島	443	1 153	2 603
宮崎	295	818	2 774
北海道	191	760	3 977
群馬	172	594	3 452
千葉	223	588	2 639
全国	**3 370**	**8 956**	2 658

採卵鶏[1)	飼養戸数 (戸)	飼養羽数 (千羽)	1戸あたり (千羽)
千葉	91	13 073	107
茨城	87	12 303	112
鹿児島	93	11 582	89
群馬	52	9 579	104
岡山	57	8 773	103
全国	**1 690**	**169 810**	76

ブロイラー[2)	飼養戸数 (戸)	飼養羽数 (千羽)	1戸あたり (千羽)
鹿児島	390	31 285	80
宮崎	462	28 254	61
岩手	295	20 766	70
青森	60	6 905	115
北海道	8	5 364	671
全国	**2 100**	**141 463**	67

農林水産省「畜産統計」(2023年)より作成。飼養頭数・羽数の多い都道府県順にならべてあります。全国にはその他の都道府県をふくみます。1)飼養羽数は、6か月未満のひなをふくみます。ただし、1戸あたり飼養羽数は、6か月以上のめすの数です。2)ブロイラーは、肉用若鶏とも言われ、鶏肉を生産するためのにわとりのうち、生まれてから（ふ化後）3か月未満のものです。年間の出荷羽数3000羽以上の飼養者が対象です。

6 畜産産出額の都道府県別の割合 (2021年)

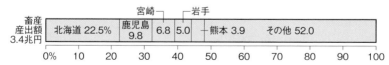

| 畜産産出額 3.4兆円 | 北海道 22.5% | 鹿児島 9.8 | 宮崎 6.8 | 岩手 5.0 | 熊本 3.9 | その他 52.0 |

0%　10　20　30　40　50　60　70　80　90　100

農林水産省「生産農業所得統計」より作成。産出額には都道府県間での取引をふくみます。

7 畜産物の生産量 (単位　万 t 、牛乳は万 kL)

	2000	2010	2020	2021	2022
牛肉	53.0	51.5	47.8	47.8	49.1
ぶた肉	127.1	129.2	130.6	131.8	129.3
肉用若鶏 (ブロイラー)	155.1	183.5	1) 217.4	1) 222.6	1) 222.4
鶏卵	254.0	251.5	263.3	257.4	259.7
牛乳 (万 kL)	457.1	374.7	357.4	357.6	356.4

農林水産省「畜産物流通統計」、「牛乳乳製品統計調査」より作成。牛肉とぶた肉は枝肉（骨が付いたままの肉）の生産量です。牛乳には加工乳をふくみます。1）年間処理羽数30万羽を超える食鳥処理場が対象です。2010年より前は、すべての食鳥処理場が対象。

8 日本の肉類の輸入先 (2022年)

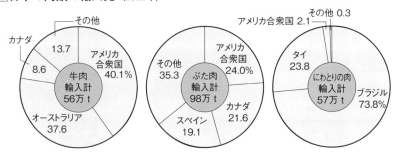

財務省「貿易統計」より作成。

9 家畜の多い国 (2022年)

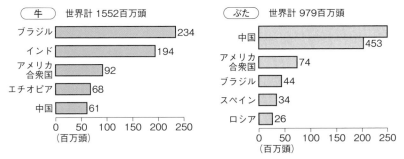

FAO（国連食糧農業機関）"FAOSTAT" 資料より作成。

畜産物の輸出拡大へ

　日本は、近年、ホタテや牛肉などの農林水産物・食品の輸出拡大に取り組んでいます。特に牛肉（和牛）は海外で人気が高く、輸出額は増加傾向にあります。また、赤ちゃん用の粉ミルクをふくむ酪農品の輸出も増えて、2022年は255億円でした。

　日本政府は、2030年の牛肉の輸出目標額を3600億円と設定しています。農林水産省や外務省、日本貿易振興機構（JETRO）は、世界各地の食の好みや販売ルートなどの調査を行い、輸出を始めようとする畜産農家への支援を始めました。

　ただ、2022年の牛肉輸出額は、前年と比べて4％減少の513億円でした。これは、最大の輸出先であるアメリカ合衆国へ、低関税で輸出できる量が大きく減少したことが要因です。

⑩牛肉と酪農品の輸出額の動き

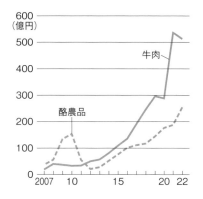

農林水産省「農林水産物輸出入概況」より作成。財務省「貿易統計（確定値）」に基づいています。牛肉はくず肉をふくみます。酪農品は、牛乳、粉乳、チーズなど。

⑪牛肉と酪農品の輸出額の国・地域別割合（2022年）

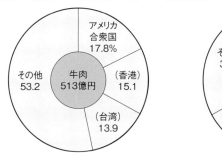

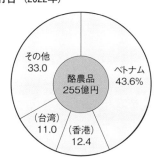

資料・注記は上の⑩に同じ。

5
林業

日本の林業

　日本の国土の約66％は森林で、面積は横ばい状態です。一方、木材として活用できる資源量を表す森林蓄積は増加してきました。これは、戦後の復興や高度経済成長期に木材需要が急増して、森林の育成に力が注がれためです。特に、すぎやひのきなど成長が早い人工林が多く植えられました。しかし、需要に対して国産材だけでは足りず、1950年代に木材輸入が始まり、1964年には完全自由化されました。

　値段の安い輸入材が大量に利用され始めると、割高な国産材は売れな

1 森林面積の内訳 （2022年）

森林面積
2502万ha

国有林
31

私有林
57
％

民有林
69
％

公有林
12

農林水産省「森林資源の現況」（2022年3月31日現在）より作成。5年ごとの調査。

86

くなり、林業従事者は減っていきました。木材自給率は、1970年には46.7％でしたが、2002年には18.8％まで落ち込みました。近年は、燃料として国産材を消費する量が増えたことや、輸入材の価格上昇で輸入量が減ったなどの理由から、木材自給率は上昇して、2022年は40.7％となっています。

森林には、国土の保全や水源を守る機能や、二酸化炭素を吸収して地球温暖化を防ぐ機能などがあります。しかし多くの人工林は手入れが行われておらず、森林は荒廃し、近年は山崩れや土砂災害などが多発しています。また、大雨が降ると洪水

②森林蓄積量の推移

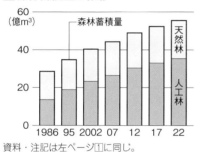

資料・注記は左ページ①に同じ。

天然林と人工林

人の手があまり入らずに、自然にできた森林のことを天然林といいます。一方、苗木を植えて人の手で育てる森林を人工林といいます。2022年現在、日本の森林蓄積量の64％は人工林です。森林蓄積とは木々の幹の体積のことで、森林資源量の目安となります。

③木材供給量と木材自給率の推移

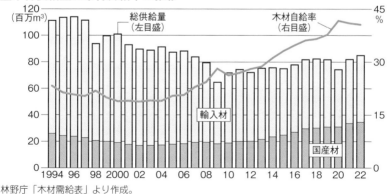

林野庁「木材需給表」より作成。

が起きる危険性が高まっています。2023年10月、森林資源の適正な管理などを定めた「全国森林計画」が決まりました。この計画には、すぎ花粉の発生源対策なども盛り込まれています。

④林業従事者数

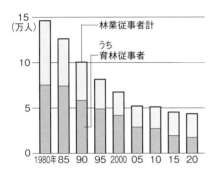

総務省「国勢調査」より作成。林業従事者とは、林業で実際に働く人のことです。育林は、木を植えて林を育てる作業です。ほかに、伐木、まき作りやうるし採取などがあります。

⑤保有山林面積規模別の林業経営体数の割合

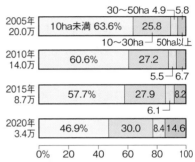

農林水産省「農林業センサス」より作成。10ha未満には、保有山林なしをふくみます。年次の下は、林業経営体数です。

⑥林業産出額の推移 （全国値）

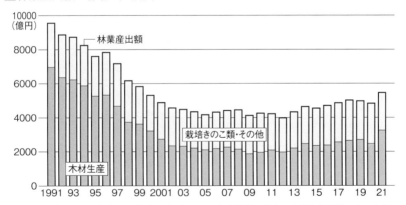

農林水産省「林業産出額」より作成。その他は、まきや木炭の生産、山林から天然のまつたけ、木ろうや生うるし（2002年以降）、野草（2010年以降）の採取などです。

⑦都道府県別の林業産出額 (2021年)

木材生産	産出額 (千万円)	割合 (%)
宮崎	3 217	12.1
北海道	3 145	11.8
大分	1 709	6.4
熊本	1 684	6.3
岩手	1 498	5.6
計	**26 655**	100.0

栽培 きのこ類	産出額 (千万円)	割合 (%)
長野	5 023	24.0
新潟	4 270	20.4
福岡	1 109	5.3
北海道	906	4.3
静岡	729	3.5
計	**20 916**	100.0

【品目別】

すぎ	産出額 (千万円)	割合 (%)
宮崎	2 980	20.2
大分	1 332	9.0
熊本	1 107	7.5
秋田	1 075	7.3
計	**14 726**	100.0

しいたけ (生)	産出額 (千万円)	割合 (%)
徳島	701	12.0
北海道	355	6.1
秋田	351	6.0
長野	345	5.9
計	**5 839**	100.0

ひのき	産出額 (千万円)	割合 (%)
岡山	603	9.7
熊本	549	8.9
愛媛	425	6.9
静岡	400	6.5
計	**6 188**	100.0

しいたけ (乾燥)	産出額 (千万円)	割合 (%)
大分	314	40.2
宮崎	132	16.9
熊本	80	10.2
愛媛	42	5.4
計	**782**	100.0

からまつ・ えぞまつ等	産出額 (千万円)	割合 (%)
北海道	2 573	72.7
長野	376	10.6
岩手	365	10.3
青森	52	1.5
計	**3 537**	100.0

まいたけ	産出額 (千万円)	割合 (%)
新潟	2 087	63.2
静岡	356	10.8
福岡	266	8.1
長野	190	5.8
計	**3 304**	100.0

農林水産省「林業産出額」より作成。計は、都道府県別産出額の合計で、都道府県間の取引をふくむため、全国値 (88ページ⑥) と異なります。また都道府県別の木材生産は、全国値にはふくむ輸出用の丸太や燃料用チップ素材、パルプ工場が直接入荷するパルプ用素材などをふくみません。

第3章／農林水産業

6

水産業

日本人の食生活と水産物

　まわりを海にかこまれた日本では、昔から漁業がさかんです。そのため、魚介類は日本人にとって重要な食べ物の一つです。

　戦前の日本では、肉などの畜産物をそれほど食べず、魚介類は重要な動物性たんぱく質の供給源でした。戦後の食べ物が不足した時代には、くじらが日本人の食を支えました。しかし、高度経済成長とともに、欧米のように牛やぶた、乳製品など、畜産物を食べる量が増え、日本人の食生活は大きく変化していきます。1970年代後半からは、動物性たんぱく質を魚介類よりも畜産物から多くとるようになっています。

　最近は、日本人の魚を食べる量が減っています。供給純食料でみると（左図参照）、1人1日あたりの魚介類の消費量が最も多かったのは、2001年の110.1グラムでした。しかし、その後は急速に減少し、2022年には60.3グラムになっています。それでも、世界的にみると日本人は魚介類を多く食べています。

1 1人1日あたり魚の供給純食料

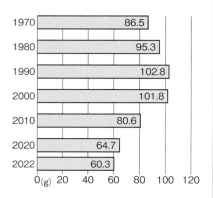

農林水産省「食料需給表」より作成。魚介類のみで、くじら、海藻類はふくみません。供給純食料とは、人間が食べることができる量のうち、頭、骨、内臓などを除いたものです。2022年は概算値。

漁業の移り変わり

日本の漁業は、戦後の経済成長とともにさかんになり、漁獲量は1960年代から増えていきました。

しかし、1970年代に遠洋漁業の漁獲量は落ち込みます。その原因は、1970年代の2度の石油危機（オイルショック）で船の燃料代が急に上がったことや、70年代後半から各国が自国の沿岸から200海里（約370キロメートル）の水域内で、外国の漁船が魚をとることを制限するようになったためです。

1980年代前半から沖合漁業が大きく増えて、日本の漁業の中心になり

② 漁業・養殖業の生産量の動き

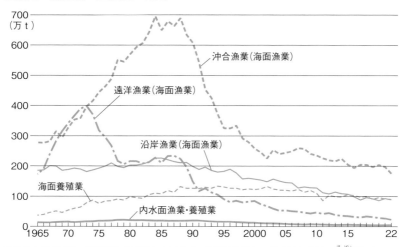

農林水産省「漁業・養殖業生産統計」より作成。漁業は漁獲量、養殖は収獲量。捕鯨業はふくみません。2011年は東日本大震災の被災地においてデータを消失したものはふくみません。福島第一原発事故の影響により出荷制限などの措置がとられたものはふくみません。2022年は速報値。

遠洋漁業 大型船で遠くの海へでかけ数十日から数か月も漁をする。太平洋やインド洋のかつお・まぐろなど。**沖合漁業** 10トン以上の船で40キロぐらいまでの沖で漁をする。いわし、かれい、さんまなどをとる。**沿岸漁業** 海岸近くで日帰りの漁をする規模の小さい漁業。さば、あじ、たら、たいなどをとる。**海面養殖業** 浅い海で、のり、かき、しんじゅなどを育てる。**内水面漁業・養殖業** 川や湖の魚をとり、こいやうなぎ、ますなどを育てる。
（くじらについて） 日本は1988年から中断していた商業捕鯨を2019年7月に再開しました。

ました。日本の漁獲量が最も多かったのは1984年のことです。しかし、魚のとりすぎや漁場環境の変化で、沖合漁業も1989年からは漁獲量が急速に減っていきました。最近は、周辺国の漁獲量が増えたことも、日本の漁獲量が減った要因です。

日本では、水産資源を守るために

③漁業・養殖業の生産量（2021年）

	万t	%
海面漁業	319.4	76.6
遠洋漁業	27.9	6.7
沖合漁業	197.7	47.4
沿岸漁業	93.8	22.5
海面養殖業	92.7	22.2
内水面漁業1）	1.9	0.5
内水面養殖業	3.3	0.8
合計	**417.2**	100.0

農林水産省「漁業・養殖業生産統計」より作成。捕鯨業はふくみません。1）販売目的のみ。

④世界の漁獲量

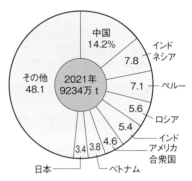

中国 14.2%
インドネシア 7.8
2021年 9234万t
ペルー 7.1
ロシア 5.6
その他 48.1
5.4
インド 4.6
アメリカ合衆国 3.8
ベトナム 3.4
日本

FAO "FishStat" より作成。

⑤いろいろな水産物の漁獲量（海面漁業）（単位　万t）

	1980	2021		1980	2021
魚類	841.2	258.7	さんま	18.7	2.0
いわし	244.2	90.1	さわら	0.7	1.4
さば	130.1	44.2	にしん	1.1	1.4
かつお	37.7	25.2	貝類	33.8	38.9
たら	164.9	23.1	ほたてがい	8.3	35.6
まぐろ	37.8	14.9	いか類	68.7	6.4
あじ	14.5	10.6	たこ類	4.6	2.7
ぶり	4.2	9.5	かに類	7.8	2.1
さけ・ます	12.3	6.1	えび類	5.1	1.3
ほっけ	11.7	4.5	海藻類	18.3	6.2
ひらめ・かれい	28.9	4.1	こんぶ	12.5	4.5
たい	2.8	2.4			
さめ	4.2	2.1	合計	**990.9**	**319.4**

資料は上の③に同じ。海面漁業で養殖はふくみません。合計にはその他をふくみます。

1997年からサンマやマアジ、ズワイガニなど一部の魚種でTAC（魚をとっていい量）を定めて制限するようになりました。2020年には法律を70年ぶりに改正し、貝類などを除く漁獲量全体の8割で上限を定めるほか、密漁対策を強めて水産資源の回復をめざしています。

漁業で働く人は年々減って、2021年は約13万人でした。特に高齢世代で減っていますが、新たに漁業を始める人はそれほど減っておらず、若い世代の割合が増えています。

⑥漁業で働く人の数

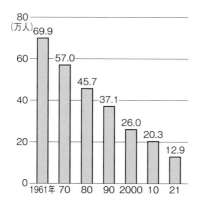

農林水産省「漁業構造動態調査」(2021年)より作成。各年11月1日現在。30日以上漁業の海上作業に従事した人。

魚を育てる漁業へ

日本の沿岸では漁場環境の変化などにより魚が減っています。たくさんの魚を消費する日本では、魚を外国から輸入するほか、魚を増やす工夫をしなければなりません。

魚を育て、増やす漁業には、栽培漁業と養殖があります。

栽培漁業は、卵から稚魚になるまでの最も弱い時期を人の手で育て、その後放流して成長したものをとる漁業で、漁場での魚を増やすことができます。魚種では、サケやマダイ、ヒラメ、アワビ、ホタテガイ、アサリなどがあります。

養殖は、稚魚をいけすで育てて、食べられるようになったら出荷するものです。漁業は天候など自然環境の影響を受けやすいですが、養殖は消費者に安定して魚や貝を提供できるほか、エサや健康の管理を人が行うことができます。ブリやヒラメ、ウナギ、カキ、のり、ワカメ、クルマエビなどのほか、最近ではクロマグロの養殖も行われています。

7 海面の養殖物の収獲量 （単位　万 t）

	1990	2021		1990	2021
海藻類	56.5	33.6	かき類[2]	24.9	15.9
のり類[1]	39.7	23.7	魚類	25.6	25.6
わかめ類	11.3	4.4	ぶり類	16.1	13.4
こんぶ類	5.4	3.2	まだい	5.2	6.9
貝類	44.2	32.4	しんじゅ（ t ）	70	13
ほたてがい	19.2	16.5	合計	**127.3**	**92.7**

農林水産省「漁業・養殖業生産統計」より作成。合計にはその他をふくみます。しんじゅの単位は t です。1）なまの重量。2）からつき。

8 内水面の養殖物の収獲量 （単位　万 t）

	1990	2021		1990	2021
うなぎ	3.9	2.1	こい	1.6	0.2
ます類	2.0	0.6			
あゆ	1.3	0.4	合計	**9.7**	**3.3**

農林水産省「漁業・養殖業生産統計」より作成。合計にはその他をふくみます。内水面とは、川や湖などのことです。

9 養殖物のおもな産地 （2021年）

	%
海面養殖物	
ぶり類	鹿児島32、愛媛15
まだい	愛媛54、熊本14
ほたてがい	青森48、北海道46
かき類[1]	広島58、宮城14
こんぶ類	北海道75、岩手22
わかめ類	宮城43、岩手31
のり類[2]	佐賀24、兵庫19
内水面養殖物	
うなぎ	鹿児島42、愛知26

農林水産省「漁業・養殖業生産統計」より作成。収獲量の全国計に対する割合。1）からつき。2）なまの重量。

10 世界の養殖物の収獲量

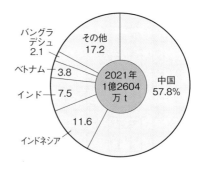

バングラデシュ 2.1
その他 17.2
ベトナム 3.8
2021年 1億2604万 t
中国 57.8％
インド 7.5
11.6
インドネシア

FAO（国連食糧農業機関）"FishStat" より作成。魚介類と海藻類の合計。日本の割合は0.8％です。

水産物の輸入と輸出

　200海里規制がはじまった1970年代後半から、日本の水産物輸入量は増えていきました。沖合漁業の漁獲量が減ると、輸入がさらに増えて、日本は世界各国から水産物を大量に輸入するようになりました。

　その後、日本人の魚の消費が減ったことで、輸入量は減少しています。最近は、アジアの国々が魚を食べるようになって輸入価格が上がっており、輸入量は減少傾向にあるものの、輸入額が急に増えています。

　近年、日本は国内水産物の輸出拡大を目指しています。しかし、2023年には、原発事故処理水の海洋放出をめぐり、大きな輸出相手である中国や香港が、日本の水産物の輸入禁止を決定しました。

11 魚介類の生産量、輸入量、国内消費仕向量（会計年度）

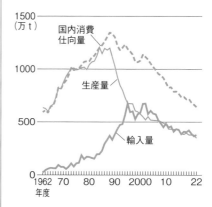

農林水産省「食糧需給表」より作成。2022年度は概算値。くじら、海藻類はふくみません。国内消費仕向量は、国内で消費に回された食料の量で、飼肥料などをふくんでいます。

12 おもな輸入水産物（2022年）

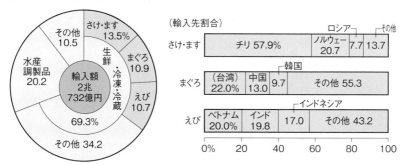

農林水産省「農林水産物輸出入概況」（2022年）より作成。貿易統計（確定）を基にしています。その他には、生きている魚、塩乾水産物などをふくみます。

漁港と水揚げ量

漁港の水揚げ量は時代とともに変化してきました。日本では、1960年代後半から、大型母船を中心にした大船団が各漁港から遠くの海へ出漁し、遠洋漁業の漁獲量がのびていきました。そのころの代表的な漁港は、釧路、八戸、稚内などです。その後、第1次石油危機がおこり、世界が200海里水域の時代になると、遠洋漁業がおとろえて沖合漁業が中心になりました。当時の大きな漁港は、釧路、銚子、八戸、境などです。

1990年代以降は、海洋環境の変動や日本近海の潮流の変化などから、魚がとれる量が減りました。また、近年は海水温度の上昇により、北海道でぶりの漁獲量が増えるといったことが起きています。

2021年の水揚げ量の多い漁港は、銚子、釧路、焼津などです。

13 おもな漁港の水揚げ量 (2021年)

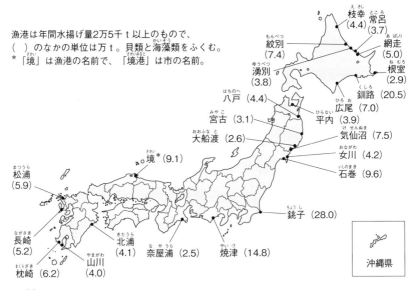

漁港は年間水揚げ量2万5千t以上のもので、( )のなかの単位は万t。貝類と海藻類をふくむ。
* 「境」は漁港の名前で、「境港」は市の名前。

枝幸 (4.4)
常呂 (3.7)
紋別 (7.4)
網走 (5.0)
湧別 (3.8)
根室 (2.9)
八戸 (4.4)
釧路 (20.5)
宮古 (3.1)
広尾 (7.0)
大船渡 (2.6)
平内 (3.9)
境* (9.1)
気仙沼 (7.5)
松浦 (5.9)
女川 (4.2)
石巻 (9.6)
銚子 (28.0)
長崎 (5.2)
北浦 (4.1)
奈屋浦 (2.5)
焼津 (14.8)
山川 (4.0)
枕崎 (6.2)

沖縄県

水産庁「水産物流通調査」より作成。調査区を漁港として取りあつかっています。

96

2023年9月、JFEスチールは東日本製鉄所・京浜地区の高炉を休止しました。近年は、中国が鉄を安く大量に作るようになり、世界的に鉄が余っています。国内需要も頭打ちで、国内メーカーは高炉を減らしています。また、脱炭素社会の実現を目指し、二酸化炭素の排出量を抑えるために、高炉から電炉への切り替えや、石炭の代わりに水素を使った製鉄技術の開発を行っています。写真は休止する高炉（時事提供）。

1

工業の発達

工業の発展と貿易摩擦

資源が少ない日本では、原料を輸入して製品をつくる工業が、日本の発展を支えてきました。1950年代から日本は高度経済成長に入り、重化学工業（金属工業、機械工業、化学工業）を中心に工業は急成長していきました。

1970年代の2度の石油危機（オイルショック）では、原油価格が急に上がって、エネルギーを大量に消費する鉄鋼業や化学工業が大きな打撃を受けました。しかし、製品や製造工程の省エネルギー化が進みます。さらに、世界に先がけて機械製品に半導体を組みこむようになりました。その結果、日本の機械製品の性能が上がって、世界中で売れるようになり、輸出が増えていきました。

自動車や半導体などで、特にアメリカでは日本製品が出回って、自国製品が売れなくなりました。貿易摩擦に発展し、日本は自主的に輸出をしぼったほか、自動車ではアメリカなどに工場を建てて、現地の人々をやとって生産を増やしました。

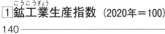

1 鉱工業生産指数（2020年＝100）

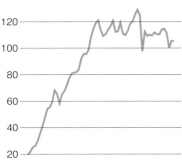

経済産業省「鉱工業指数」より作成。日本の工業全体で、どれだけ生産量があったかを表した図です。製品の価格の動きは考えていません。わずかに鉱業の生産（2020年で0.2%）をふくみますが、ほぼ工業の生産と考えてください。

海外生産とサプライチェーン

1985年から急に円高が進み、国内で生産を行うことが割高になりました。そこで、日本メーカーは働く人の賃金が低かった東南アジアや、1990年代からは中国に工場を建てて、生産を行うようになります。さらに、アメリカなどで自動車の現地生産が増えたこともあって、工業の国内生産は1990年代以降増えていません。その代わり海外生産が増えて、2021年度の日本メーカーの売上高全体の26％を海外生産がしめています。

日本や欧米メーカーは、電子機器の組み立てなど、人手のかかる単純作業をアジアでやってもらうようになりました。その結果、日本などから部品や素材をアジアに送って、現地で組み立てて、アメリカなどに輸出する、サプライチェーンと呼ばれる生産ネットワークができました。

近年は現地の技術力が上がって、以前は日本から送っていた部品や素材の一部を中国などで生産するようになりました。また、韓国や中国メーカーが成長して、半導体や薄型テレビなどの生産で、日本メーカーを大きく上回っています。日本は国内生産の頭打ちに加えて、海外からの輸入が増えていて、産業の空洞化が進んでいると心配されています。

② 日本メーカーの海外生産比率

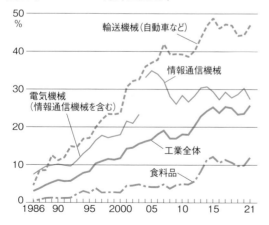

経済産業省「海外事業活動基本調査」より作成。会計年度で売上高ベース。海外生産比率は、日本メーカーの全生産にしめる海外生産（現地子会社の生産）の割合です。海外生産比率50％の場合、国内生産と海外の現地子会社の生産が全く同じであることを示します。
テレビなど情報通信機械では、台湾などの製造をうけおうメーカーに、代わりにつくってもらうことが増えています。これらは日本メーカーの子会社ではないため、海外生産にふくみません。

中国の急成長と米中対立

アジアでは、人々の所得がのびて購買力が上がりました。人口の多い中国では、国内市場が急に大きくなり、輸出向けに加えて国内向けの工業生産が増えました。その結果、中国は2007年には日本を、2010年にはアメリカをぬいて、世界最大の工業国になりました。急成長した中国から、最先端の技術を用いた安い製品が出回るようになりました。

2018年に米中はお互いに貿易を制限したことで、両国の対立は深まっていきました。アメリカは中国製の通信機器を利用することで安全保障上の問題が起きることを心配しています。最近では、日本などの半導体製造の技術をもつ国に働きかけて、最先端半導体に関わるものを中国が輸入できないようにしています。

米中の対立による貿易の不安定化や、コロナ禍での物流の混乱があり、部品が届かずに生産が止まってしまう工場がありました。こうしたことを防ぐために日本や欧米では大事な部品や製品を国内生産に戻そうとしています。

③主要国の工業付加価値額

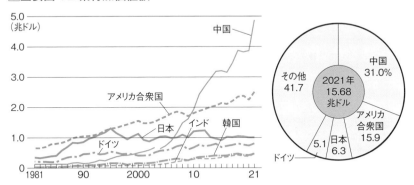

国連 "The National Accounts Main Aggregates Database" より作成。工業付加価値額は、工業で生み出した利益のことです。中国の2003年以前は、鉱業やエネルギーをふくみます。

2

いろいろな工業

工業にはさまざまな種類がありますが、大まかに重化学工業と軽工業に分けられます。

重化学工業は重工業（金属工業と機械工業、製品が重いため重工業と呼ばれます）と化学工業を合わせたもので、多くが大工場で生産されます。軽工業はそれ以外のもので、重量の軽い製品が多く、小さな工場で生産されるものが多いです。

1 工業出荷額割合の変化

年	重化学工業			軽工業		
	金属	機械	化学	食料品	繊維	その他
1950	16.7%	13.6	13.4	13.8	23.1	19.4
1960	18.8%	25.8		11.1	13.1 / 12.3	18.9
1970	19.3%	32.3		10.6	10.4 / 7.7	19.7
1980	17.1%	31.8		15.5	10.5 / 5.2	19.9
1990	13.8%	43.1		9.7	10.2 / 3.9	19.3
2000	11.1%	45.8		11.0	11.6 / 2.3	18.2
2010	13.6%	44.6		14.2	11.7 / 1.4	14.5
2020	13.1%	45.0		13.1	12.9 / 1.2	14.7
2021	14.4%	44.5		14.0	12.0 / 1.1	14.0

総務省・経済産業省「経済構造実態調査」、同「経済センサス－活動調査」および経済産業省「工業統計調査」より作成。2020年以降は個人経営を除きます。

工業全体にしめる重化学工業の割合は、以前は産業の高度化を示す指標としてよく用いられていました。しかし、新興国で機械製品の組み立てを行うようになって機械工業の出荷額が増えたほか、軽工業でも高度な技術が必要なものが多くなっていて、近年はあまり用いられません。なお、重化学工業が工業出荷額にしめる割合は、日本が72％に対して、アメリカが62％、中国は70％（2020年、UNIDOしらべ）です。

② 各工業別にみた工業出荷額 （個人経営を除く）（2021年）

	億円	%		億円	%
機械工業	1 468 676	44.5	窯業	79 747	2.4
輸送用機械	631 198	19.1	紙・パルプ工業	72 144	2.2
金属工業	475 505	14.4	印刷業	48 555	1.5
鉄鋼業	197 188	6.0	繊維工業	36 525	1.1
化学工業	461 411	14.0	ゴム工業	33 755	1.0
食料品工業	395 053	12.0	木材・木製品1)	32 463	1.0
プラスチック製品	130 299	3.9	合計	**3 302 200**	100.0

総務省・経済産業省「経済構造実態調査」（2022年）より作成。合計にはその他をふくみます。1) 家具を除きます。

特定重要物資

近年の世界の工業では、工業製品はすべての工程を1つの国で進めずに、部品の製造や組み立てをそれぞれ得意な国で行って、安くつくっています（サプライチェーン）。しかし、最近は米中貿易摩擦で最先端半導体の貿易が滞ったほか、コロナ禍では世界中で貿易が止まり、一部の部品が調達できずに、生産全体が止まった工場もありました。

安定した工業生産を維持するほか、国民生活を守るために、政府は2022年12月に特定重要物資を指定して、輸入先の見直しや、国内製造拠点の整備を進めています。2023年末時点で、特定重要物資には抗菌性物質製剤、肥料、永久磁石、工作機械および産業用ロボット、航空機部品、半導体、蓄電池、クラウドプログラム、可燃性天然ガス、重要鉱物、船舶部品の11品目が指定されています。

（1）金属工業

鉄鋼業

　日本の金属工業は出荷額が48兆円で、そのうち20兆円を鉄鋼業がしめています（2021年）。

　鉄鋼業では、高炉で原料の鉄鉱石を溶かして、銑鉄と呼ばれる鉄を取り出します。さらに、鉄から鋼をつくり、さまざまな形に加工します。

　日本は、鉄鉱石や石炭を輸入に頼っています。輸入元はおもにオーストラリアで、日本の大きな製鉄所は

1 鉄鋼業の都道府県別出荷額割合

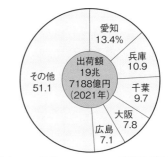

出荷額 19兆7188億円（2021年）

- 愛知 13.4%
- 兵庫 10.9
- 千葉 9.7
- 大阪 7.8
- 広島 7.1
- その他 51.1

総務省・経済産業省「経済構造実態調査」（2022年）より作成。個人経営を除きます。

2 鉄鋼業の原料輸入先 （2022年）

鉄鉱石 1億442万t	オーストラリア 60.2%	ブラジル 28.0	その他 11.8

石炭 5323万t	オーストラリア 74.4%	カナダ 9.4	アメリカ合衆国 5.9	その他 10.3

財務省「貿易統計」および日本鉄鋼連盟「鉄鋼統計要覧」より作成。石灰石は国内で自給できます。

3 国内の粗鋼生産と輸出入 （単位　万t）

	1990	2000	2010	2020	2021	2022
粗鋼生産	11 034	10 644	10 960	8 319	9 634	8 923
粗鋼輸出	1 886	3 145	4 658	3 416	3 745	3 516
粗鋼輸入	756	556	510	606	636	623
粗鋼消費	9 903	8 056	6 812	5 509	6 525	6 029
1人当たり（kg）	801	635	532	437	520	483

経済産業省「生産動態統計」および日本鉄鋼連盟「鉄鋼統計要覧」より作成。**粗鋼**はすべての鋼（105ページ図）を示す統計用語です。

北海道の室蘭を除いて太平洋ベルトの臨海部にあります。

日本の鉄鋼業は、高度経済成長とともに技術力を高めて輸出を増やしました。アメリカとの貿易摩擦で輸出が減ると、1980年代後半からバブル景気で国内消費が増えたほか、バブル崩壊後は中国向けを中心に輸出が増えました。

中国では経済成長で鉄鋼消費が増えていますが、多くの製鉄所を建設して、近年は消費以上に生産するようになりました。鉄鋼を安く輸出するようになり、各国の鉄鋼メーカーの経営が厳しくなっています。日本メーカーは、高炉を閉鎖するなど生産を減らしています。特に2020年はコロナ禍の影響で生産がさらに減りました。ただし、自動車向けや高性能モーター向け鋼板など、生産に高度な技術が必要な製品で、日本メーカーは高い競争力を持っています。

4 世界の粗鋼生産 （下表より作成）

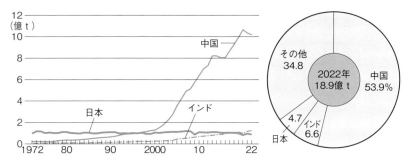

5 粗鋼生産の動き （単位　万t）

	1990	2000	2010	2020	2021	2022
中国	6 635	12 850	63 874	106 477	103 524	101 796
インド	1 496	2 692	6 898	10 026	11 820	12 538
日本	11 034	10 644	10 960	8 319	9 634	8 923
アメリカ合衆国	8 973	10 182	8 049	7 273	8 579	8 054
世界計	**77 043**	**85 002**	**143 525**	**188 396**	**196 239**	**188 781**

日本鉄鋼連盟「鉄鋼統計要覧」および世界鉄鋼協会資料より作成。世界計にはその他をふくみます。

6 鉄と鋼のできるまで

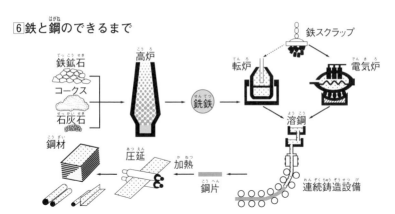

　鉄はおもに鉄鉱石やコークス（石炭を蒸し焼きにしたもの）、石灰石からつくられます。これらを高炉で加熱すると、鉄鉱石が還元されて鉄になります。この状態の鉄を**銑鉄**といいます。銑鉄は炭素を大量にふくんでいて、固くてもろく、鋳物などに使われます。銑鉄を少量の鉄スクラップとともに転炉に入れて、酸素をふきこんで加熱すると、余分な炭素がぬけて粘りのある**鋼**になります。鋼は、鉄スクラップから電気炉を用いてもつくられます。溶けた鋼から連続鋳造設備で鋼片をつくり（一部は鋳型で塊をつくって鋼片に分けます）、圧延（力を加えて加工）して、鋼板や鋼管など鋼材をつくります。

7 高炉一貫製鉄所 (2023年7月1日現在)

　日本鉄鋼連盟「日本の鉄鋼業」（2023年）より作成。地名は製鉄所の名前です。JFEスチールは東日本製鉄所・京浜地区の高炉の操業を2023年9月16日に休止しました。

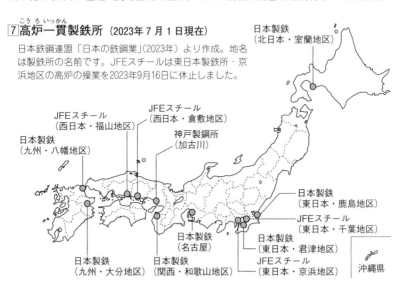

さまざまな金属工業

工業では鉄以外の金属も多く利用されています。自動車メーカーでは、環境に優しい燃費の良い車づくりのために、自動車の軽量化を進めています。軽い素材や、少しの量でも強度がある強い素材が必要で、アルミやその合金などから最適なものが選ばれています。このほか、レアメタル（下の解説参照）など技術の進歩にともなって重要性が高まった素材も少なくありません。

金属工業にはこのほか、金属を加工してサッシなど建築用材やボルトなどの部品、タンクやボイラー、刃物などを生産する金属製品製造業があります。小さな工場でも生産が活発で、特殊な技術で高い世界シェアをしめる中小工場もあります。

⑧おもな非鉄金属の生産
（2021年）（単位 万t）

	日本	世界計	うち中国
アルミニウム	—	6 750	3 890
銅（2020年）	158	2 500	1 003
鉛（2020年）	20	1 150	500
亜鉛	52	1 340	641

USGS "Minerals Yearbook" より作成。アルミ以外はリサイクルをふくみます。上記4品目は中国が生産量世界一です。

おもな非鉄金属

アルミニウム アルミは軽い割に強く、軽量化が必要な自動車などに利用されます。また、アルミサッシや、アルミ缶などにも用いられます。アルミはボーキサイト（29ページ）からアルミナを取り出し、大量の電力で精錬してつくります。電力料金の高い日本では、石油危機以降に生産量が急に減りました。しかし、アルミは新しくつくるときの3％ほどのエネルギーで再生できるので、リサイクルが進んでいます。

銅 銅は電気をよく通すため、おもに電線に用いられます。2022年に国内で使用された銅の61％は電線向けです。また、古くから用いられてきた金属で、加工しやすいことから、板や管などにも広く利用されています。

その他のおもな金属 鉛はバッテリー（蓄電池）などに利用されます。亜鉛は、おもに金属めっき（金属で材料の表面をおおうこと）で使われます。金や銀などは貴金属として価値が高いです。レアメタル（希少金属）は、鉄に少量加えることでさびを防ぐものや、電池や磁石をはじめ最先端技術などに利用されるものがあります。

106

（2）機械工業

日本の機械工業は出荷額147兆円（2021年）、働く人327万人（2022年6月）で、国内最大の製造業です。

高度経済成長で家電や自動車が大量に売れて、メーカーが成長しました。それとともに、製品の性能が上がって、輸出も増えていきました。

しかし、1990年代から中国などアジアへの工場移転が進みます。その結果、国内生産は頭打ちになりますが、部品を現地に送って組み立てる

ことで、安く製品をつくるようになりました。ただし、近年は韓国や中国メーカーが世界市場で成長して、家電などの生産量で日本メーカーを大きく上回っています。

① 機械工業の都道府県別出荷額割合

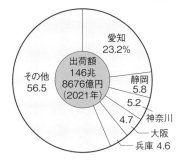

愛知 23.2%
出荷額 146兆8676億円（2021年）
その他 56.5
静岡 5.8
5.2
神奈川
4.7
大阪
兵庫 4.6

総務省・経済産業省「経済構造実態調査」（2022年）より作成。個人経営を除きます。

② 機械工業の出荷額 （2020年以降は個人経営を除く）（単位 兆円）

	1980	1990	2000	2010	2020	2021
はん用機械				10.16	11.48	12.22
生産用機械	21.07	39.31	34.96	13.82	19.71	22.88
業務用機械				6.91	6.42	6.58
電子部品・デバイス			21.24	16.65	14.62	16.44
電気機械	22.23	54.67	20.79	15.17	17.87	19.50
情報通信機械			17.56	12.59	6.42	6.13
輸送用機械	24.95	46.95	44.45	54.26	60.23	63.12
自動車1)	21.31	42.37	40.04	47.33	53.45	56.37
計	68.26	140.93	138.99	129.55	136.75	146.87

総務省・経済産業省「経済構造実態調査」、同「経済センサスー活動調査」および経済産業省「工業統計調査」より作成。2010年より機械工業から時計やめがねを除いています。はん用機械はポンプなど。生産用機械は工作機械など。業務用機械は事務用機械など。電子部品・デバイスは集積回路など。電気機械は洗濯機など。情報通信機械はテレビなど。輸送用機械は自動車など。ビデオ類は情報通信機械にふくみますが、2000年は電気機械にふくみます。1）二輪をふくみます。

自動車産業

　自動車は2～3万点の部品からつくられます。生産には多くの部品メーカーが関わるほか、材料として鉄やアルミ、ガラス、ゴム、プラスチックなどが大量に必要です。自動車産業は部品メーカーや素材メーカーなど関連する工場が多く、経済にあたえる影響が大きいです。

　日本の自動車産業は、1960年代から国内向けを中心に生産をのばし、

③ 日本の自動車生産・輸出と日本メーカーの海外生産 （下表より作成）

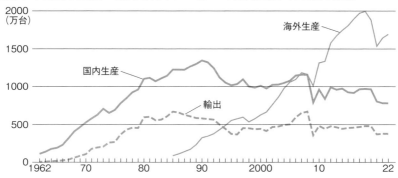

④ 日本の自動車の生産台数と輸出入 （単位　万台）

	1990	2000	2010	2020	2021	2022
国内生産台数	1 348.7	1 014.1	962.9	806.8	784.7	783.5
乗用車	994.8	835.9	831.0	696.0	661.9	656.6
トラック	349.9	172.7	120.9	103.8	115.4	118.5
バス	4.0	5.5	10.9	7.0	7.4	8.5
輸出台数	583.1	445.5	484.1	374.1	381.9	381.3
輸入車販売台数	22.4	27.5	22.5	31.8	34.5	31.0
海外生産台数	326.5	628.8	1 318.2	1 537.7	1 646.3	1 696.2
アジア	95.2	167.4	712.7	916.9	1 005.1	1 054.3
アメリカ合衆国	129.9	248.1	265.3	271.6	272.4	282.3

日本自動車工業会資料および日本自動車輸入組合資料より作成。輸出台数は2017年12月より一部のメーカーをふくみません。海外生産は日本メーカーの海外での生産台数です。2017年11月より一部のメーカーの海外生産台数をふくみません。また、アジアの国別台数は公表されていません。

70年代には国内向けとともにアメリカ向けを中心に輸出が増えました。しかし、アメリカでは日本車が大量に出回ったことでアメリカ車が売れなくなり、日米間の貿易摩擦に発展しました。1981年より日本は自主的に輸出をしぼったほか、その後アメリカで現地生産を始めました。さらにアジアでも現地生産を進めて、日本車の海外生産は2007年から国内生産を上回っています。とはいえ、日本国内でも国内市場向けを中心に自動車生産が盛んで、日本の生産台数は2022年で世界第3位です。

生産台数1位は中国です。中国では2000年代から生産台数が急に増えて、2022年には世界全体の32%をしめました。人口の多い中国では自動車を買う人がたくさんいて、日本をはじめ各国の自動車メーカーが現地生産を行っています。

近年は、地球温暖化を防ぐために二酸化炭素の排出削減が求められています。日本政府は、2035年までに乗用車の新車販売で、電動車100%を目指しています。現時点では、電

⑤世界の自動車生産

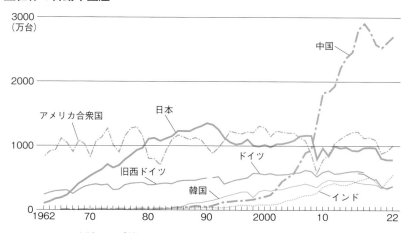

日本自動車工業会資料および国際自動車工業連合会資料より作成。国によって自動車の生産としてふくむ範囲（完成前に輸出して現地で組み立てる場合など）やデータの取り方が異なる場合があります。ドイツは2011年から大きなトラックやバスを除くほか、2016～18年は乗用車のみ。

気だけで動き、走行時に二酸化炭素を排出しない電気自動車が、中国やヨーロッパなどで急速に普及しています。日本では、燃料と電気の両方で動く、ハイブリッド車の販売が多いです。

コロナ禍以降、工場では部品が調達できず、予定通りに自動車を生産できない状況が続きました。現在、国内での乗用車の生産台数は回復してきていますが、注文してもすぐに届かない状況が長期化しています。

自動運転車の開発

世界の自動車メーカーは、自動運転が可能な車の開発を進めています。自動運転技術には、人間の運転を手助けするレベル1から、機械に完全にまかせるレベル5まであります。2023年には、中国やアメリカの一部の地域で、レベル4の無人タクシーが走り始めました。日本では、走るルートを限定したテスト走行などが行われています。自動運転技術は、公共交通機関の少ない過疎地域に住んでいる高齢者の移動手段や、無人トラックによる荷物の輸送などへの活用が期待されています。

6 世界の電気自動車（EV）の乗用車販売台数（単位　万台）

	2021	2022	バッテリー式	プラグインハイブリッド車	電気自動車販売シェア（％）1)
中国	325	590	440	150	29.0
アメリカ合衆国	63	99	80	19	7.7
ドイツ	69	83	47	36	31.0
イギリス	31	37	27	10	23.0
フランス	30	34	21	13	21.0
ノルウェー	15	17	15	2	88.0
（参考）日本	5	10	6	4	3.0
世界計	**650**	**1 020**	**730**	**290**	14.0

IEA（国際エネルギー機関）"Global EV Outlook 2023" より作成。**電気自動車**は、エンジンで燃料を使って動かす車とちがって、運転中に二酸化炭素を排出しません。**バッテリー式**はバッテリーに充電した電気で動きます。**プラグインハイブリッド車**は、燃料と電気の両方で動くハイブリッド車のうち、プラグで充電できるもので、多くの場合はバッテリー式と同じように電気だけで動かします。また、本表にはふくみませんが、電気自動車にはこのほか**燃料電池車**（水素と酸素を化学反応させてできる電力で動くもの）があります。世界計にはその他の国々をふくみます。1）各国の乗用車販売台数全体にしめる電気自動車の割合。

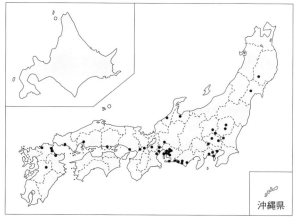

日本自動車工業会「日本の自動車工業2023」より作成。車やバイクの組立工場のみで、部品工場などはふくみません。また、日本自動車工業会の会員メーカーの工場のみですが、関連会社の組立工場が一部ふくまれています。

8 自動車生産の仕組み

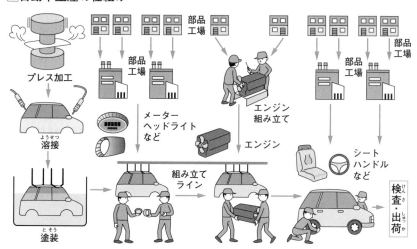

自動車の組み立ては、部品をつくる下うけや、さらにその部品を作るための部品をつくる孫うけなどに支えられています。より安く作るため、部品工場は自動車メーカーに協力して、必要な部品だけを決められた時間に届けるシステムをつくっています。ただし、コロナ禍で海外から部品が届かなくなるなど生産に影響が出たため、一部の重要な部品は在庫を増やすようになっています。これから生産が増える見込みの電気自動車は、ガソリン車より部品点数が少なく、今後は部品工場が少なくなるのではと心配されています。

造船

日本の造船業は戦後すぐに盛んになり、1956年に造船量で世界一となりました。しかし、1970年代に石油危機で油送船（石油タンカー）などが売れなくなり、不況になりました。

1980年代には韓国の造船業が成長します。90年代は冷戦終結などで貿易が活発になり、日韓両国の造船量が増えました。2000年代には中国の貿易が増えるとともに、中国の造船業が成長し、韓国とともに、日本の造船量を上回るようになりました。

日本メーカーは造船設備が中国や韓国より小さいこともあり、船の注文が集まらず、厳しい状況です。しかし、日本にとって重要な海上輸送を担う船舶を作る造船業は、産業の中心となっている地域が少なくなく、政府は支援を強めています。

9 世界の造船竣工量（単位 万総トン）

	2021	2022	2022 (%)
中国	2 686.3	2 589.4	46.6
韓国	1 968.7	1 625.4	29.2
日本	1 072.6	958.5	17.2
イタリア	49.9	73.1	1.3
合計	6 078.0	5 558.0	100.0

UNCTADstatより作成。1年間に完成した船の総トン数。トンは船の重量ではなく、荷物が入る容積をあらわします。100総トン以上の海上商船の合計で、内陸水路用の船や漁船、軍用船などのその他の船をふくみません。合計にはその他の国をふくみます。

10 日本の造船竣工量

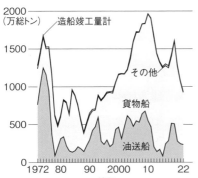

国土交通省「造船造機統計」より作成。1年間に完成した船の総トン数。

11 造船業の都道府県別出荷額割合

総務省・経済産業省「経済構造実態調査」（2022）より作成。個人経営を除きます。船舶の修理業や部品の製造をふくみます。

工作機械

工作機械は、金属を削って（切削）機械の部品などを作ります。機械をつくるための機械であることから、マザーマシンとも呼ばれています。工作機械の国内出荷額は機械工業全体の1.0％です（2021年）が、工作機械が高性能であるほど優れた機械をつくることができるため、工業全体にとって重要な産業です。

日本の工作機械は、中国向けやアメリカ向けを中心に輸出が盛んです。日本製の工作機械は性能が高く、ドイツ製とならんで人気です。一方、近年は中国での生産が増えており、生産額でみると2009年より中国が世界一となっています。

工作機械の生産は2019年からの米中摩擦の影響に加え、2020年にコロナ禍で大きく減りましたが、その後は回復傾向が続いています。

NC（数値制御）工作機械

昔の工作機械の多くは、作業をする人がハンドルなどで機械を操作していて、でき上がった製品の品質が作業者によって変わることがありました。しかし、NC工作機械では、機械にデータを読みこませて、データどおりに製品をつくることができます。このため、難しい加工が簡単になったほか、製品の品質のばらつきが減りました。不足しがちな熟練工に代わって、NC工作機械が中小工場まで広く使われるようになったことで、日本の技術力は大きく高まっていきました。

12 日本の工作機械の生産と輸出入（切削型のみ）

	1990	2000	2010	2020	2021	2022
生産台数（台）	196 131	90 916	67 607	45 569	67 601	70 004
NC工作機械	61 965	53 755	55 132	37 703	56 296	59 078
生産額（億円）	13 034	8 146	8 130	7 240	8 954	10 788
NC工作機械	9 864	7 208	6 733	6 600	8 338	10 131
輸出額（億円）	4 558	6 201	6 086	5 296	7 126	8 571
輸入額（億円）	686	856	306	555	608	840

経済産業省「生産動態統計」および財務省「貿易統計」より作成。輸出入には中古（工作機械を海外に売ったり、工場ごと海外に移したもの）や、半導体を作る機械が一部ふくまれます。本表の工作機械は切削型（ものを削る）を指しますが、世界的にはプレス機など成型型をふくみます。

産業用ロボット

産業用ロボットは人間の腕のような機能を持ち、組み立てなどを自動で行います。作業を早く正確に行うために生産性が上がるうえに、危険な作業もやってくれます。国内では主に自動車や半導体などの生産に用いられ、これらの産業が発展した要因になりました。今後は、産業用ロボット同士をネットワークでつないで効率的に作業するほか、人工知能と連動させるなど、新しい生産技術の中心になると期待されています。

産業用ロボットの使用台数は、1990年代は日本が全体の70%をしめ

ていました。しかし、工場の海外移転などで台数が減る一方で、主要国で使用台数が増えました。最近は、日本の使用台数も増えています。

13 **主要国の産業用ロボット使用台数**

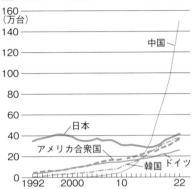

日本ロボット工業会資料より作成。アメリカ合衆国は2010年までカナダ、メキシコをふくみます。

14 **日本の産業用ロボットの生産と輸出**

	1990	2000	2010	2020	2021	2022
台数（台）						
国内生産台数	79 096	89 399	93 587	192 974	256 783	280 051
国内向け出荷台数	67 514	49 810	24 959	41 655	49 950	52 415
輸出台数	12 587	40 758	67 453	154 946	211 686	230 519
（参考）海外生産台数	…	…	…	46 366	65 209	65 155
金額（億円）						
国内生産金額	5 443	6 475	5 564	7 665	9 391	10 210
国内向け出荷金額	4 461	3 177	1 487	2 085	2 231	2 335
輸出金額	1 078	3 226	4 076	5 728	7 393	8 174

日本ロボット工業会「ロボット産業需給動向（産業ロボット編）」より作成。マニピュレータをふくみます。国内生産台数の最大は2022年ですが、国内向け出荷台数の最大は1990年です。

半導体集積回路

　集積回路は、半導体のチップに複雑な電気回路をまとめたものです。現在では、多くの機械に半導体が組みこまれ、製品の持つ機能を実現する大切な部品になっています。

　日本では、メモリー（記憶素子）のDRAMなどをつくる技術が発達しました。また、半導体を機械に組みこむようになり、日本の機械製品の性能向上を支えました。日本の半導体は海外でも用いられるようになり、1980年代半ばには半導体の世界市場の半分をしめます。しかし、アメリカなどとの貿易摩擦の原因になり、1986年から10年間、対米輸出を規制しました。その間、アメリカではパソコンの頭脳であるCPUを作るメーカーが成長したほか、メモリーで韓国メーカー

⑮半導体の地域別出荷額

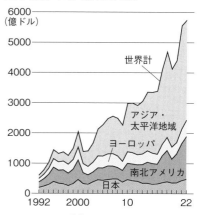

世界半導体市場統計（WSTS）資料より作成。
各半導体メーカーの地域別出荷先の合計です。

⑯半導体の国内・海外生産と世界の総生産（単位　億円）

	日本メーカーの生産額				海外メーカーの生産額	世界の総生産額	日本メーカー割合（％）
	国内生産	海外生産	計	国内生産割合（％）			
2005	43 400	9 900	53 300	81.4	204 000	257 300	20.7
2010	39 779	15 651	55 430	71.8	206 192	261 622	21.2
2015	32 516	15 585	48 101	67.6	357 452	405 553	11.9
2019	24 534	21 465	45 999	53.3	403 415	449 414	10.2
2020	24 831	21 265	46 096	53.9	425 120	471 216	9.8
2021	28 063	24 385	52 448	53.5	556 254	608 702	8.6
2022	30 306	31 701	62 007	48.9	688 895	750 902	8.3

電子情報技術産業協会「電子情報産業の世界生産見通し」より作成。この表では、集積回路のほかトランジスターなど半導体素子をふくみます。

が大きく成長します。これらに押されて日本メーカーの世界シェアは減り続けて、現在では国内に最先端の半導体を製造(せいぞう)する能力がありません。

　コロナ禍以降、世界的に半導体不足となって、自動車など多くの製品の生産が滞(とどこお)りました。このため、各国は国内での生産を増やして、安定して半導体を調達することを目指しています。日本も台湾(たいわん)メーカーの工場を呼びこむことに成功したほか、政府主導で次世代半導体をつくる技術の開発を始めています。最近では、仮想(かそう)通貨や生成AIの分野で使われることの多い、並列処理(へいれつしょり)が得意なGPUが注目されています。

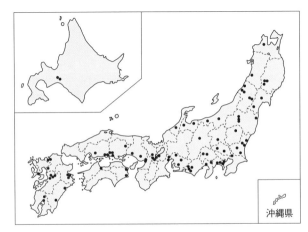

17 半導体工場所在地
（2023年現在）

産業タイムズ社「半導体工場ハンドブック」（2024年版）より作成。シリコンウェーハに集積回路をつくりこむ工場で、できあがったウェーハを切り出して電線やカバーをつけるだけの工場や、研究開発のみを行う工場をふくみません。

沖縄県

18 日本の集積回路の生産 （単位　億円）

	2000	2010	2020	2021	2022
MCU	7 070	3 765	740	810	955
ロジック	13 661	8 752	1 349	1 306	1 643
メモリー	10 686	6 456	3 480	4 419	5 241
計	**44 281**	**28 642**	**17 070**	**18 947**	**20 834**

経済産業省(けいざいさんぎょうしょう)「生産動態統計(どうたいとうけい)」より作成。**MCU**は家電製品(かでんせいひん)などを制御(せいぎょ)するマイクロコンピューターです。**ロジック**はディスプレイドライバーなど特定のはたらきをする回路です。**メモリー**はデータを記憶します。計にはその他の集積回路をふくみます。

家電製品・携帯電話

　日本の家電産業は、1950年代半ばからの高度経済成長期に大量生産が進み、一般家庭に普及していきました。70年代には、輸出が増えて自動車とともに加工貿易の中心になります。80年代には家電に半導体を組み込んで高機能化したことで、日本製品の人気が高まりました。

　1985年からの円高で、日本メーカーは、労働力が安い東南アジアや中国に工場を移していきます。90年代には、これらの国からの家電の輸入が増え、国内生産量は減少していきました。2009年には輸入額が輸出額を超えました。近年は、韓国や中国のメーカーが世界全体のシェアを高めて、日本を大きく上回っています。日本メーカーの経営状況は厳しく、中には家電部門を海外勢に売却するメーカーや、会社そのものが買収されるメーカーが出てきました。

　携帯電話は、2000年代の日本では端末をすぐに買い替える人が多く、最盛期は国内の生産台数が年間6000万台を超えていました。日本メーカーの携帯電話は多機能化が進みましたが、海外ではあまり売れず、2007年にアメリカでスマートフォンが発売されて人気になると、国内メーカーの生産が落ち込んでいきました。

⑲民生用電子機器の国内・海外生産と世界の総生産 （単位　億円）

	日本メーカーの生産額				海外メーカーの生産額	世界の総生産額	日本メーカー割合（％）
	国内生産	海外生産	計	国内生産割合(%)			
2005	25 600	46 900	72 500	35.3	77 300	149 800	48.4
2010	23 957	62 730	86 687	27.6	101 527	188 214	46.1
2015	6 687	43 657	50 344	13.3	122 908	173 252	29.1
2019	5 091	33 431	38 522	13.2	108 891	147 413	26.1
2020	3 891	30 324	34 215	11.4	100 777	134 992	25.3
2021	3 818	28 033	31 851	12.0	116 499	148 350	21.5
2022	3 689	28 307	31 996	11.5	126 834	158 830	20.1

電子情報技術産業協会「電子情報産業の世界生産見通し」より作成。

20 家電製品輸出入額の動き

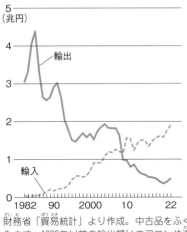

財務省「貿易統計」より作成。中古品をふくみます。1989年以前の輸出額はエアコンや洗濯機などの部品をふくみます。

21 携帯電話の生産と輸出入

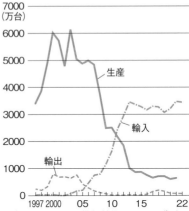

経済産業省「生産動態統計」および財務省「貿易統計」より作成。1997年よりPHSをふくみます。2021年で携帯電話の生産の統計は終了しました。

22 おもな家電製品と携帯電話の生産

		1990	2000	2010	2020	2021	2022
（生産台数）（万台）	**民生用電子機器**						
	テレビ1)	1 513	338	1 355	15	10	17
	液晶テレビ	189	100	1 211	…	…	…
	録画再生機2)	3 164	1 003	184	…	…	…
	デジタルカメラ	…	966	2 425	187	195	199
	民生用電気機器						
	エアコン3)	781	732	492	471	432	441
	電気冷蔵庫	505	422	220	132	126	128
	（参考）携帯電話4)	116	6 027	2 511	604	644	…
（生産額）（億円）	民生用電子機器5)	41 540	22 214	23 957	3 891	3 801	3 689
	民生用電気機器6)	27 246	23 844	17 980	19 043	18 997	21 418
	合計5)6)	**68 786**	**46 058**	**41 937**	**22 933**	**22 798**	**25 107**

経済産業省「生産動態統計」より作成。1) 2020年より薄型テレビのみ。2) VTRやDVD、ブルーレイをふくみます。3) 室外機の数。4) 家電製品にふくみません。PHSをふくみます。5) 2021年よりビデオカメラを除きます。6) 2021年より電気かみそりを除きます。

（3）化学工業

　すべてのものは、原子という小さな単位がさまざまに結びついてできています。化学工業は、この結びつきを熱や圧力、薬品などを用いて組みかえ、製品をつくる工業です。出荷額は46兆円（2021年）で、働く人は42万人（2022年6月）です。

　化学工業は戦後、石油化学を中心に発展し、プラスチックなどほかの工業の素材をおもに生産してきました。しかし、石油危機をきっかけに、石油を大量に使う量産品だけでなく、医薬品など少量でも高い価値

をもつ製品へと事業を広げました。

　化学工業には高度な技術力が求められるほか、大きな工場が必要です。ただし、労働力はそれほど必要ではなく、基本的には人件費の高い先進国で盛んです。日本の化学工業は、1990年ごろまでは国内向けを中

１ 化学工業の都道府県別出荷額割合

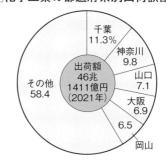

千葉 11.3%
神奈川 9.8
山口 7.1
大阪 6.9
6.5
岡山
その他 58.4
出荷額 46兆1411億円（2021年）

総務省・経済産業省「経済構造実態調査」（2022年）より作成。個人経営を除きます。

２ 化学工業の出荷額（2020年以降は個人経営を除く）（単位　億円）

	化学肥料	無機化学工業	有機化学工業	化学繊維	医薬品	計
1980	5 037	13 463	79 778	11 457	28 938	331 763
1990	3 245	13 973	89 094	10 442	51 547	318 693
2000	2 848	14 444	83 348	7 304	64 258	332 562
2010	3 056	18 209	104 211	(4 014)	73 563	412 565
2020	3 033	25 749	94 325	(3 204)	88 668	399 076
2021	3 184	30 075	117 624	(2 854)	87 866	461 411

総務省・経済産業省「経済構造実態調査」、同「経済センサスー活動調査」および経済産業省「工業統計調査」より作成。無機化学工業は硫酸などをつくります。有機化学工業は石油化学工業など。化学繊維をつくる工業は、2008年に繊維工業に分類が変わり、本表でも2008年からふくみません。また、この本では化学工業にガソリンなど（石油製品）をつくる産業をふくめています。

心に発展し、バブル崩壊後は中国などへの輸出でさらに成長しました。

しかし、中国では国内生産が大幅にのびています。石油化学工業では中東の産油国で生産が増えたほか、アメリカでは自国でとれる安いシェールガスを利用した工場が増えています。一方、原料の多くを輸入に頼る日本の製品は割高で、さまざまな製品の原料となるエチレンの国内生産は2007年をピークに減少しています。エチレン製造設備は2014〜16年に３基が運転を停止して、現在は12基が運転しています。

③おもな化学製品の生産（単位　万t）

	2021	2022
無機化学工業		
硫酸	611.8	633.2
かせいソーダ	416.3	412.5
アンモニア	84.3	81.8
石油化学工業		
エチレン	634.9	544.9
プラスチック	1 045.3	951.1
合成ゴム	148.1	137.8

経済産業省「生産動態統計」より作成。かせいソーダは水酸化ナトリウムのことです。プラスチックは、ポリエチレンなどの生産量を合計しました。

④エチレン生産量と生産能力

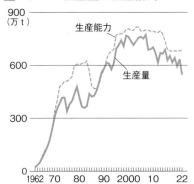

資料は左の表と同じです。生産能力は、定期修理などを行いながら生産できる能力で、実際の生産量を少し下回ることがあります。

石油化学コンビナート

日本の石油化学工業は、原油から得られるナフサを分解して、まずエチレンなどをつくります。さらにそれを元に、ポリエチレンなどのプラスチックや合成繊維などをつくります。各工場は集まってパイプラインで結ばれていて、この集団を石油化学コンビナートと呼んでいます。日本で初の石油化学コンビナートは、1958年に山口県の岩国で誕生しました。その後、三大都市圏や瀬戸内などにも設けられましたが、原油を輸入するため、すべて海に面しています。原料は世界的には原油に限らず、原油採掘で出るガスやシェールガス、中国では内陸の豊富な石炭も利用されています。

⑤ 日本の石油化学コンビナート （2023年7月現在）

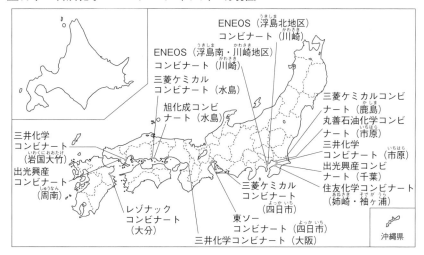

ENEOS（浮島北地区）
コンビナート（川崎）

ENEOS（浮島南・川崎地区）
コンビナート（川崎）

三菱ケミカル
コンビナート（水島）

旭化成コンビ
ナート（水島）

三井化学
コンビナート
（岩国大竹）

出光興産
コンビナート
（周南）

レゾナック
コンビナート
（大分）

三菱ケミカル
コンビナート
（四日市）

東ソー
コンビナート（四日市）

三井化学コンビナート（大阪）

三菱ケミカルコンビ
ナート（鹿島）

丸善石油化学コンビ
ナート（市原）

三井化学
コンビナート（市原）

出光興産コンビ
ナート（千葉）

住友化学コンビナート
（姉崎・袖ヶ浦）

沖縄県

石油化学工業協会「石油化学工業の現状」(2023年版）より作成。生産量を減らすために、一部のコンビナートではエチレンの生産を止めていて、ほかのコンビナートからエチレンなどを運んで生産を続けています。地名は原資料表記にしたがいました。

⑥ 日本の石油化学コンビナートの仕組み

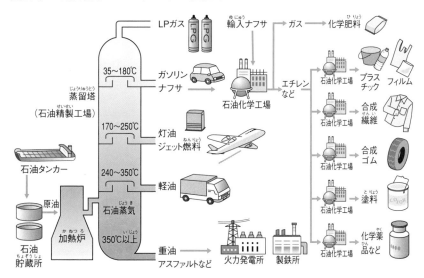

（4）繊維工業

繊維工業は、糸や布、衣服などをつくる工業です。戦前の日本の代表的な産業で、特に生糸や綿織物は輸出品の中心でした。

戦後は、アメリカ向け綿織物などを中心に、繊維工業はいち早く発展しました。その後、繊維の素材は天然繊維に代わって化学繊維が主流になり、特に石油化学工業でつくられる合成繊維がおもに利用されるようになりました。一方、高度経済成長で重化学工業が盛んになったことで、工業生産全体にしめる繊維工業の割合は低下していきました。

1980年代半ばから、円高の影響で

1 繊維工業の地位低下

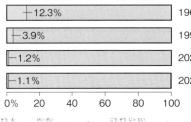

工業製品出荷額中の繊維製品

12.3%	1960
3.9%	1990
1.2%	2020
1.1%	2021

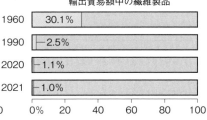

輸出貿易額中の繊維製品

30.1%	1960
2.5%	1990
1.1%	2020
1.0%	2021

総務省・経済産業省「経済構造実態調査」、同「経済センサス-活動調査」、経済産業省「工業統計調査」および財務省「貿易統計」より作成。2020年以降の工業製品出荷額は個人経営を除く。

2 繊維製品の輸出入

財務省「貿易統計」より作成。繊維製品は、糸や織物、衣類などです。1980年代半ばより、国内工場が中国などに進出して、衣類などの輸入が増えました。その後、現地のメーカーが安くて品質の良い製品をつくるようになって、輸入がさらに増えていきました。2022年現在、衣類等は繊維製品輸入額全体の74％を占めます。一方、日本からの輸出は産業向け特殊織物など織物類が多く、衣類等は輸出額全体の13％です。

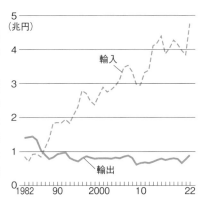

日本メーカーは人件費の安いアジアで製品をつくるようになりました。その後、現地メーカーの技術力が高まり、製品の品質が向上したことで、国内でアジアからの安い輸入品が増えて、国内生産が減っていきました。現在は、国内で出回る衣類の98.5％は輸入品で（2022年、日本繊維輸入組合しらべ）、国内市場はほぼ輸入品でまかなわれています。

③ 繊維工業の都道府県別出荷額割合

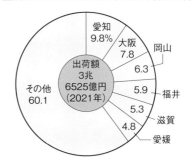

愛知 9.8%
大阪 7.8
岡山 6.3
福井 5.9
滋賀 5.3
愛媛 4.8
その他 60.1
出荷額 3兆6525億円（2021年）

総務省・経済産業省「経済構造実態調査」（2022年）より作成。個人経営を除きます。

④ 繊維工業のおもな生産量

	1990	2000	2010	2020	2021	2022
糸（万t）	183.2	108.9	56.1	36.0	2) 38.6	2) 38.6
綿糸	42.6	15.9	4.5	2.1	2.6	2.7
毛糸	10.5	3.4	0.9	0.6	0.5	0.6
生糸	1) 0.8	1) 0.1	0.0	0.0	0.0	0.0
化学繊維糸	128.9	89.5	1) 50.6	33.3	2) 35.4	2) 35.3
合成繊維糸	110.3	81.5	47.5	31.6	35.3	35.2
織物（百万m²）	5 587	2 645	983	3) 858	3) 876	3) 920
綿織物	1 765	664	124	88	92	92
毛織物	335	98	32	19	14	17
絹織物	84	33	4	1	1	1
化学繊維織物	3 376	1 846	822	749	769	809
合成繊維織物	2 668	1 573	730	676	695	731
外衣4)（百万点）	623.8	313.7	87.6	49.6	43.4	42.9
ニット製	271.0	146.5	44.3	18.5	18.5	20.3
織物製	352.8	167.2	43.3	31.1	24.8	22.6

経済産業省「生産動態統計」および大日本蚕糸会資料より作成。化学繊維には、おもに石油化学工業でつくる合成繊維のほか、木材繊維を再生させたものなどがあります。1) 生糸のくずなどをつむいだ糸をふくみます。2) 木材繊維からつくった人絹とよばれる絹に似た繊維などをふくみません。3) 麻織物をふくみません。4) ワイシャツ、ズボン、セーターなど。下着などはふくみません。

（5）食料品工業

食料品工業は、農産、畜産物や水産物を加工して、食料品をつくる工業です。食料品工業の出荷額は40兆円（2021年）、働く人は121万人（2022年6月）で、金属工業や化学工業にならぶ大きな工業です。生産の中心は中規模工場で、大工場中心の重化学工業と異なります。また、工場が原材料の産地周辺にもあって、北海道や鹿児島県などでは食料品が工業の中心になっています。

1 工場の大きさ別にみた働く人と出荷額の割合（個人経営を除く）（2021年）

総務省・経済産業省「経済構造実態調査」より作成。働く人の数は2022年6月1日現在。

2 食料品工場で働く人と出荷額（個人経営を除く）（2021年）

	働く人（千人）	出荷額（億円）		働く人（千人）	出荷額（億円）
肉製品	82	32 206	動物油・植物油3)	11	12 059
牛乳・乳製品	42	26 923	めん類	49	10 979
水産食料品	131	34 890	とうふ・油あげ	19	3 134
水産ねり製品1)	21	3 861	冷凍調理食品	57	12 638
野菜つけもの	23	3 841	そう菜	67	10 928
みそ	5	1 347	清涼飲料	32	23 889
しょうゆ2)	6	1 325	ビール類	4	13 280
砂糖類	5	4 373	清酒	17	3 684
小麦粉	4	4 398	茶	14	3 141
パン・菓子	244	50 954	たばこ	1	15 890
パン	81	17 078	合計	1 212	395 053

総務省・経済産業省「経済構造実態調査」より作成。合計にはその他の食料品工業をふくみます。働く人の数は2022年6月1日現在です。1) ちくわ、かまぼこなど。2) 食用アミノ酸をつくる工場をふくみます。3) マーガリンなどをつくる加工工場をふくみます。

③ 日本の砂糖生産 （単位 千t）

	2010	2020	2022
甘シャ糖	164	149	138
鹿児島	76	63	62
沖縄	88	86	76
テン菜糖	466	631	562
北海道	466	631	562

農林水産省資料より作成。砂糖年度（当年10月から次の年の9月まで）。甘シャ糖は産糖ベース、テン菜糖は製品ベース。

日本で砂糖は、沖縄県と鹿児島県の奄美群島を中心に生産される甘シャ（サトウキビ）と、北海道で生産されるテン菜（ビート）からつくられます。甘シャ糖は、生産地の工場で不純物をふくんだ粗糖（原料糖）として生産され、大都市の工場で不純物を取りのぞいて製品（精製糖）になります。テン菜からは直接精製糖がつくられます。甘シャ糖とテン菜糖は精製すると同じ砂糖になります。

④ おもな食料品工業製品の都道府県別生産 （2022年）

●ちくわ・かまぼこ

	千t	%
兵庫	42.3	10.2
新潟	39.6	9.6
千葉	35.8	8.7
愛知	28.6	6.9
山口	28.5	6.9
全国	**412.9**	100.0

●みそ1) （2021年）

	千t	%
長野	290.3	49.3
群馬	51.7	8.8
愛知	47.9	8.1
北海道	22.4	3.8
広島	20.0	3.4
全国	**589.1**	100.0

●しょうゆ1)2) （2021年）

	千kL	%
千葉	182.6	22.2
兵庫	102.5	12.4
愛知	57.6	7.0
群馬	47.0	5.7
北海道	42.8	5.2
全国	**823.1**	100.0

●飲用牛乳等3)

	千kL	%
北海道	574.5	16.1
神奈川	273.3	7.7
茨城	186.2	5.2
栃木	179.1	5.0
千葉	169.8	4.8
全国	**3 563.7**	100.0

●清酒4)5) （2021年）

	千kL	%
兵庫	90.8	29.1
京都	49.0	15.7
新潟	27.6	8.8
埼玉	17.5	5.6
秋田	13.1	4.2
全国	**311.8**	100.0

●単式蒸留焼酎4)6) （2021年）

	千kL	%
宮崎	120.5	32.2
鹿児島	98.9	26.5
大分	78.9	21.1
福岡	45.7	12.2
熊本	11.7	3.1
全国	**374.0**	100.0

農林水産省「水産物流通統計」、同「牛乳乳製品統計」、総務省・経済産業省「経済構造実態調査」、国税庁「国税庁統計年報」より作成。全国にはその他をふくみます。1）個人経営をふくみません。2）食用アミノ酸をふくみます。3）牛乳と低脂肪乳など加工乳の合計。4）会計年度。5）合成清酒をふくみません。6）伝統的な焼酎で、芋や麦など原料の風味が強いものが多いです。

（6）窯業

窯業は粘土や石など金属ではない素材に熱を加えて、ガラスやセメント、陶磁器などをつくる工業です。

板ガラスは、設備が大きいほど安く大量につくることができ、国内では大きな工場を持つ3社に集中しています。世界的にも国内3社のシェアが高いですが、住宅用では中国などで中国製の安いガラスが増えたほか、日本メーカーの競争力が高い自動車用でも中国製が増えています。

セメントは、主原料の石灰石を国内で自給できる（28ページ）ため、資源の少ない日本にとって重要な産業です。原料や燃料に廃棄物も使うため、リサイクルの点でも重要ですが、長く続いた不況や建設工法の変化で国内消費が減っています。

陶磁器のうち伝統的工芸品（139ページ）など焼き物は、小さな工場が生産の中心です。一方、便器などは大きな工場で生産されています。

①窯業の都道府県別出荷額割合

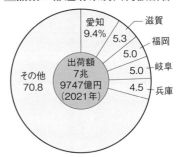

総務省・経済産業省「経済構造実態調査」（2022年）より作成。個人経営を除きます。

②窯業の出荷額 （2020年以降は個人経営を除く）（単位 億円）

	1980	1990	2000	2010	2020	2021
ガラス	12 205	21 304	18 472	21 096	14 343	15 082
セメント	42 898	49 246	40 646	24 798	32 353	32 316
陶磁器	7 760	10 942	9 362	6 868	7 482	9 242
計	83 945	108 577	89 787	71 779	76 418	79 747

総務省・経済産業省「経済構造実態調査」、同「経済センサス－活動調査」および経済産業省「工業統計調査」より作成。ガラスやセメントは、それぞれガラス製品やセメント製品をふくみます。陶磁器には、陶磁器用の土を製造する産業などもふくみます。ファインセラミックス（次ページをみてください）も陶磁器にふくみます。計には、かわらや耐火物などその他の窯業をふくみます。

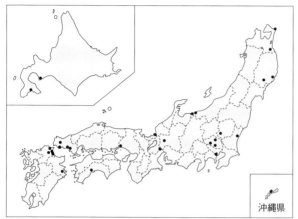

③ セメント工場所在地
（2023年4月1日現在）

セメント協会「セメントハンドブック」（2023年度版）より作成。セメント工場は全国に散らばっていますが、とくに主原料の石灰石がたくさんとれる福岡県や山口県と、セメント消費量の多い関東地方に多いです。

沖縄県

④ 世界のセメント生産 （単位　万t）

	2000	2021
中国	59 700	236 000
インド	9 500	35 000
ベトナム	1 330	11 469
アメリカ合衆国	8 951	9 330
トルコ	3 583	8 200
ブラジル	3 921	6 588
（参考）日本	8 110	5 008
世界計	166 000	436 000

USGS "Minerals Yearbook" より作成。世界計にはその他の国をふくみます。

⑤ おもな陶磁器の出荷額 （単位　億円）
（2021年）（個人経営を除く）

	衛生陶器1)		和飲食器
愛知	293.4	岐阜	116.7
滋賀	223.5	長崎	42.8
福岡	158.6	佐賀	36.3
		愛知	14.9
		京都	7.0
全国	817.6	全国	253.2

総務省・経済産業省「経済構造実態調査」より作成。全国にはその他の都道府県をふくみます。1) 便器など。

ファインセラミックスは陶磁器と同じように「焼き物」の一つです。製品の成分や構造などがねらい通りになるように、原料を正確に調整するほか、製造工程を精密に制御して、新しい機能や特性を持つ製品をつくります。電圧をかけると素材の形が少しゆがむ性質のあるものは、超小型スピーカーとしてスマートフォンなどで使われています。熱や化学薬品などに強いものや、すり減りにくいものは長持ちするため、生体内で使う人工関節などさまざまな用途で幅広く利用されています。

（7）紙・パルプ工業

　紙や板紙（段ボールなど）は、おもに木材の繊維を取り出したパルプと、使い終わった古紙を原料に生産されます。古紙の回収率は79.5％、紙や板紙の原料にしめる古紙の割合は66.3％（いずれも2022年）で、リ

サイクルが進んでいます。以前、古紙は中国に大量に輸出してきましたが、2021年に中国は古紙輸入を禁止しました。近年は、東南アジアが主な輸出先です。

　近年はデジタル化が進み、国内で紙を使う量全体は減っています。しかし、宅配便などで使われる段ボールの利用は増えています。

1 紙とパルプの生産（2022年）

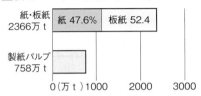

経済産業省「生産動態統計」および日本製紙連合会資料より作成。板紙は段ボール原紙など。紙・板紙の生産量は資料が異なるため4と合わない場合があります。

3 紙・パルプ工業の出荷額割合

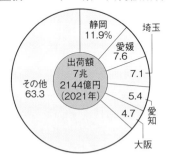

総務省・経済産業省「経済構造実態調査」（2022年）より作成。個人経営を除きます。

2 製紙用繊維原料の使用割合

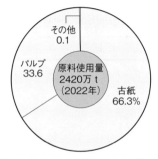

経済産業省「生産動態統計」より作成。

4 世界の紙・板紙生産（単位　万 t）

	2021	2022
中国	12 110	12 432
アメリカ合衆国	6 748	6 526
日本	2 291	2 269
ドイツ	2 313	2 161
インド	1 686	1 680
インドネシア	1 195	1 195
世界計	**41 840**	**41 409**

FAO（国連食糧農業機関）"FAOSTAT"より作成。世界計にはその他をふくみます。

3

工業地帯

三大工業地帯

　日本は、先進工業国として位置づけられていますが、工業が盛んな地域は一部を除いて太平洋ベルトに集中しています。特に、京浜、阪神、中京の三大工業地帯で、工業がいち早く発達しました。

　三大工業地帯は、東京、大阪、名古屋を中心に発展しました。大都市では工業製品を買う人が多いほか、働く人をたくさん集めることができ

①おもな工業地帯と工業地域

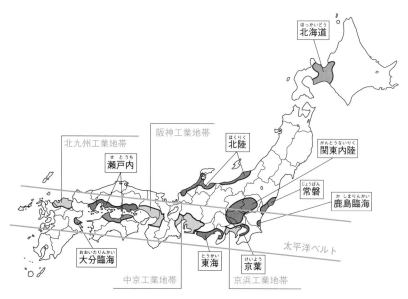

ます。また、広い平野があって工場をつくりやすいうえに、道路や大きな港などが整備されていて、原材料や製品の輸送に便利です。

京浜工業地帯は機械工業が工業出荷額の半分近くをしめるほか、東京に出版社が集中しているため、印刷業が盛んです。中京工業地帯は自動

② 三大工業地帯が全国の工業出荷額にしめる割合（下表より作成）

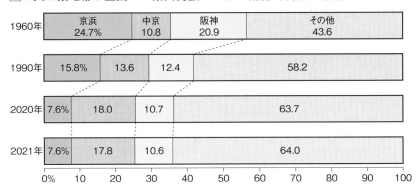

③ 三大工業地帯の工業出荷額（2020年以降は個人経営を除く）（単位　億円）

	1990	2000	2010	2020	2021	2021 （％）
三大工業地帯計	1 366 666	1 155 519	1 040 536	1 101 994	1 190 350	36.0
京浜	515 908	402 530	257 710	231 190	249 979	7.6
中京	445 033	427 472	481 440	546 299	589 290	17.8
阪神	405 725	325 518	301 386	324 505	351 081	10.6
（北九州）	77 793	74 264	82 491	89 950	94 450	2.9
全国	3 270 931	3 035 824	2 908 029	3 035 547	3 302 200	100.0

総務省・経済産業省「経済構造実態調査」、同「経済センサス−活動調査」および経済産業省「工業統計調査」より作成。全国にはその他の地域をふくみます。京浜工業地帯は東京都、神奈川県の全域、中京工業地帯は愛知県、三重県の全域、阪神工業地帯は大阪府、兵庫県の全域、北九州工業地帯は福岡県の全域としています。以前は北九州とともに四大工業地帯としていましたが、ほかの工業地域の生産が北九州を上回るようになり、三大工業地帯と呼ばれるようになりました。

注意　2002年から工業として統計をとる範囲がかわり、出版業や新聞業が工業に入らなくなりました。これらは京浜工業地帯で特に発達していたので（印刷業をふくめて2000年で5兆4946億円）、2002年以降の京浜工業地帯の出荷額は2001年以前と比べて減りました。

車生産が盛んで、機械工業が工業の出荷額全体の3分の2をしめます。また、伝統的に窯業が盛んな地域でもあります。阪神工業地帯は、京浜や中京と比べて金属工業や化学工業など、ほかの工業の素材となる製品をつくる工業が盛んです。

1990年代以降は、工業生産を海外で行う日本メーカーが増えて、工場の海外移転などが進み、全国的に工業の出荷額は増えなくなりました。工業地帯別にみると、京浜や阪神工業地帯の出荷額は減り、中京工業地帯では出荷額が増えています。

④三大工業地帯の工業出荷額内訳（個人経営を除く）(2021年)

京浜工業地帯	億円	%
機械工業	114 399	45.8
輸送用機械	46 010	18.4
化学工業	49 906	20.0
食料品工業	27 800	11.1
金属工業	23 088	9.2
鉄鋼業	8 853	3.5
印刷業	9 482	3.8
プラスチック製品	7 329	2.9
合計	**249 979**	*100.0*

中京工業地帯	億円	%
機械工業	402 708	68.3
輸送用機械	278 518	47.3
金属工業	60 959	10.3
鉄鋼業	27 528	4.7
化学工業	39 807	6.8
食料品工業	28 622	4.9
プラスチック製品	19 789	3.4
窯業	10 116	1.7
合計	**589 290**	*100.0*

阪神工業地帯	億円	%
機械工業	136 048	38.8
輸送用機械	35 511	10.1
金属工業	74 103	21.1
鉄鋼業	36 997	10.5
化学工業	55 233	15.7
食料品工業	37 879	10.8
プラスチック製品	13 220	3.8
紙・パルプ工業	6 663	1.9
合計	**351 081**	*100.0*

（参考）北九州工業地帯	億円	%
機械工業	40 821	43.2
輸送用機械	27 042	28.6
金属工業	18 040	19.1
鉄鋼業	10 492	11.1
食料品工業	12 936	13.7
化学工業	6 952	7.4
窯業	4 004	4.2
プラスチック製品	3 398	3.6
合計	**94 450**	*100.0*

総務省・経済産業省「経済構造実態調査」より作成。合計にはその他の工業をふくみます。

広がった工業地域

　戦後、日本の工業生産は急速にのびましたが、工業地帯では都市化が進んで人口が増えたため、新たな工場をつくる土地が足りなくなりました。また、さまざまな公害が発生して、多くの人々の健康がおびやかされたほか、交通渋滞が激しくなって輸送に時間がかかるようになるなど、都市部で工場が工業生産を続けることが難しくなりました。

　さらに、高速道路などが整備されて、原材料や製品の輸送がより便利になったことで、工場が工業地帯の周辺や工業地帯の間などに移転する

⑤ **都道府県別の工業**（個人経営を除く）(2021年)

	工場数1)	働く人1) （千人）	出荷額 （億円）		工場数1)	働く人1) （千人）	出荷額 （億円）
北海道	6 425	165.0	61 293	滋賀	3 109	167.9	81 874
青森	1 500	55.1	16 947	京都	5 305	146.5	59 066
岩手	2 114	85.7	27 133	大阪	18 584	447.0	186 058
宮城	3 115	116.2	50 034	兵庫	8 579	358.5	165 023
秋田	1 775	60.6	14 057	奈良	1 876	59.6	18 709
山形	2 701	98.3	30 239	和歌山	1 754	51.7	24 021
福島	3 904	155.1	51 627	鳥取	847	31.0	8 441
茨城	5 692	275.5	136 869	島根	1 213	42.0	12 866
栃木	4 838	200.2	85 761	岡山	3 923	150.0	83 654
群馬	5 702	218.6	83 831	広島	5 893	213.0	99 439
埼玉	13 216	389.6	142 540	山口	1 993	97.8	66 501
千葉	5 914	208.4	130 968	徳島	1 301	47.7	20 578
東京	15 416	268.4	76 227	香川	2 359	72.2	28 014
神奈川	9 915	358.6	173 752	愛媛	2 596	81.4	47 582
新潟	5 777	179.5	51 194	高知	1 099	23.9	6 015
富山	2 956	124.3	39 045	福岡	6 023	229.0	94 450
石川	3 206	97.8	28 018	佐賀	1 435	62.5	21 051
福井	2 566	74.6	23 953	長崎	1 646	54.0	15 177
山梨	2 098	73.9	27 111	熊本	2 217	93.4	32 234
長野	6 123	203.8	66 464	大分	1 673	65.9	47 134
岐阜	6 487	203.7	61 159	宮崎	1 527	54.6	17 236
静岡	10 526	404.2	172 905	鹿児島	2 531	72.6	22 062
愛知	18 476	847.1	478 946	沖縄	978	23.2	4 599
三重	3 867	204.6	110 344	**全国**	**222 770**	**7 714.5**	**3 302 200**

資料は131ページ④と同じ。1) 2022年6月1日現在。

ようになりました。新たな工業地域が形成されて、太平洋ベルト（129ページ1）を中心に工業生産が活発になっていきました。

　石油危機以降は、工業用水や石炭、石油などを大量に使う鉄鋼業や化学工業にかわって、水などをあまり使わない組立型工業（機械工業）が盛んになりました。これとともに、工業地域は高速道路沿いを中心に、海に面していない内陸にもつくられるようになりました。

6 **工業地帯とおもな工業地域の工業出荷額**（個人経営を除く）（2021年）

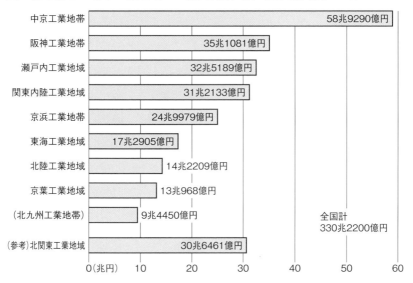

資料は131ページ4と同じ。京浜工業地帯は東京都、神奈川県、中京工業地帯は愛知県、三重県、阪神工業地帯は大阪府、兵庫県、北九州工業地帯は福岡県、関東内陸工業地域は栃木県、群馬県、埼玉県、瀬戸内工業地域は岡山県、広島県、山口県、香川県、愛媛県、東海工業地域は静岡県、北陸工業地域は新潟県、富山県、石川県、福井県、京葉工業地域は千葉県の各都道府県の工業出荷額の合計です。これは、各工業地帯や工業地域の範囲を正しく示すものではありません。

（**参考**）北関東工業地域は茨城、栃木、群馬を足し合わせたものです。多くが関東内陸工業地域にふくまれますが、北関東工業地域として載っている教科書も多いため、参考に掲載しました。また、京浜工業地帯に埼玉県をふくめるものもあります（ふくめた場合の出荷額は39兆2519億円）。

7 工業地帯とおもな工業地域の工業出荷額割合 (個人経営を除く)(2021年)

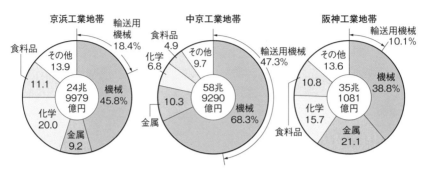

京浜工業地帯
24兆9979億円
輸送用機械 18.4%
食料品
その他 13.9
11.1
化学 20.0
金属 9.2
機械 45.8%

中京工業地帯
58兆9290億円
輸送用機械 47.3%
食料品 4.9
化学 6.8
その他 9.7
10.3
金属
機械 68.3%

阪神工業地帯
35兆1081億円
輸送用機械 10.1%
その他 13.6
10.8
化学 15.7
食料品
金属 21.1
機械 38.8%

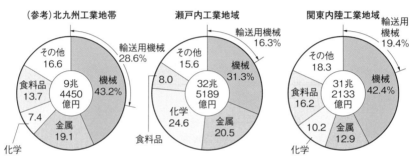

(参考)北九州工業地帯
9兆4450億円
輸送用機械 28.6%
その他 16.6
食料品 13.7
7.4
化学
金属 19.1
機械 43.2%

瀬戸内工業地域
32兆5189億円
輸送用機械 16.3%
その他 15.6
8.0
化学 24.6
食料品
金属 20.5
機械 31.3%

関東内陸工業地域
31兆2133億円
輸送用機械 19.4%
その他 18.3
食料品 16.2
10.2
化学
金属 12.9
機械 42.4%

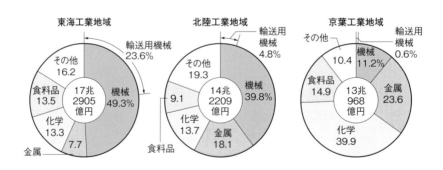

東海工業地域
17兆2905億円
輸送用機械 23.6%
その他 16.2
食料品 13.5
化学 13.3
7.7
金属
機械 49.3%

北陸工業地域
14兆2209億円
輸送用機械 4.8%
その他 19.3
9.1
化学 13.7
食料品
金属 18.1
機械 39.8%

京葉工業地域
13兆968億円
輸送用機械 0.6%
その他
機械 11.2%
10.4
食料品 14.9
金属 23.6
化学 39.9

131ページ4と135ページ8から作成しました。

⑧おもな工業地域の工業出荷額内訳 (個人経営を除く) (2021年)

瀬戸内工業地域	億円	%	関東内陸工業地域	億円	%
機械工業 1)	101 736	31.3	機械工業	132 452	42.4
輸送用機械	53 014	16.3	輸送用機械	60 703	19.4
化学工業	80 055	24.6	食料品工業	50 574	16.2
金属工業	66 597	20.5	金属工業	40 203	12.9
鉄鋼業	34 310	10.6	鉄鋼業	9 440	3.0
食料品工業	26 093	8.0	化学工業	31 880	10.2
プラスチック製品	12 835	3.9	プラスチック製品	18 057	5.8
合計	**325 189**	100.0	合計	**312 133**	100.0

東海工業地域	億円	%	北陸工業地域	億円	%
機械工業	85 166	49.3	機械工業	56 541	39.8
輸送用機械	40 873	23.6	輸送用機械	6 893	4.8
食料品工業	23 345	13.5	金属工業	25 712	18.1
化学工業	22 985	13.3	鉄鋼業	5 314	3.7
金属工業	13 291	7.7	化学工業	19 427	13.7
鉄鋼業	2 183	1.3	食料品工業	12 969	9.1
紙・パルプ工業	8 608	5.0	プラスチック製品	6 393	4.5
合計	**172 905**	100.0	合計	**142 209**	100.0

京葉工業地域	億円	%	(参考) 北関東 工業地域	億円	%
化学工業	52 313	39.9	機械工業	126 284	41.2
金属工業	30 958	23.6	輸送用機械	46 056	15.0
鉄鋼業	19 054	14.5	食料品工業	49 202	16.1
食料品工業	19 511	14.9	金属工業	48 518	15.8
機械工業	14 708	11.2	鉄鋼業	16 021	5.2
輸送用機械	723	0.6	化学工業	33 742	11.0
窯業	3 086	2.4	プラスチック製品	19 000	6.2
合計	**130 968**	100.0	合計	**306 461**	100.0

資料は131ページ④と同じ。合計にはその他の工業をふくみます。1) 一部の工場をふくみません。

おもな工業地域

関東内陸工業地域　京浜工業地帯の臨海部が過密になったため、東京都の内陸部から埼玉県、群馬県、栃木県にかけて発達した工業地域。機械工業の割合が高く、なかでも自動車、電気機械の製造が特に盛んです。関東内陸工業地域の大部分は鹿島臨海工業地域などと合わせて北関東工業地域と呼ばれることもあります。

京葉工業地域　東京都から千葉県の富津岬あたりにかけての沿岸部に広がる工業地域。京浜工業地帯と続いているので、京浜工業地帯にふくめられることもあります。市原市を中心に石油化学コンビナートが広がり、化学工業が特に盛んです。また、千葉市と君津市には大製鉄所があります。

鹿島臨海工業地域　茨城県南東部の鹿島浦に面した鹿嶋市、神栖市を中心に発達した工業地域。かつて砂丘だったところに人工の掘り込み港がつくられ、そこを中心に製鉄所、石油化学コンビナート、石油精製工場などが広がっています。

東海工業地域　京浜・中京の二つの工業地帯の間にあり、静岡県の太平洋岸、東名高速道路に沿って発達した工業地域。浜松市では自動車・オートバイ・楽器の製造が、富士市では紙・パルプ工業が特に盛んです。

北陸工業地域　日本海に面した北陸地方の都市を中心に発展した工業地域。機械工業や金属工業が盛んです。また、金沢の絹織物、輪島の漆器、燕の金属洋食器など、古くからの伝統工業も今なお盛んです。

瀬戸内工業地域　瀬戸内海に面した中国地方と四国地方の都市を中心に発展した工業地域。鉄鋼業や自動車・造船などの機械工業が発達しています。また、倉敷市や周南市などには石油化学コンビナートがあり、化学工業が盛んです。

その他のおもな工業地域　日本では上記のほかに、北海道南西部の北海道工業地域（紙・パルプ、製鉄、乳製品、ビールなど）、福島県南部から茨城県北部にかけての常磐工業地域（電気機械、非鉄金属、化学工業など）、大分県の大分臨海工業地域（石油化学、製鉄、電気機械など）などがあります。

4
大工場と中小工場

多い中小工場

　日本には、2022年6月1日現在でおよそ22万の工場があります（個人経営を除く）。そのうち98％は働く人が300人未満の中小工場です。中小工場の多くは技術力が高く、日本の工業が世界のトップクラスにある大きな要因となっています。独自の

①大工場と中小工場の割合（個人経営を除く）（2021年）

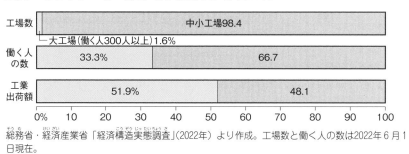

総務省・経済産業省「経済構造実態調査」（2022年）より作成。工場数と働く人の数は2022年6月1日現在。

②働く人1人あたりの工業出荷額と賃金（個人経営を除く）（2021年）

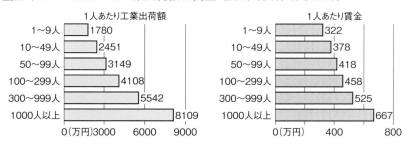

資料は①と同じ。工場の大きさを働く人の数でみています。働く人の数は2022年6月1日現在。

技術で国際的に高く評価されている中小工場も少なくなく、特定の分野で世界シェアの多くをしめている中小工場もあります。しかし、中小工場は設備が小さいほか、資金も少なく、経営が不安定になりがちです。

中小工場の多くは、安定した仕事を得るために、大工場の下うけをしています。大工場を中心に中小工場が集まる企業城下町となるところもあります。また、伝統的工芸品（139ページ）のように、同じ製品をつくる中小工場が集まって産地を形成することもあります。

大工場では海外の安い部品に切りかえるほか、工場を海外に移転させることが増えました。さらに、台湾など外国企業が生産を代行することもあります。この影響で、中小工場の中には下うけをやめさせられたり、大工場から値下げを要求されるところが少なくありません。また、中小工場の多くは大工場と比べてIT化や設備投資に差があり、生産性を高めることが課題になっています。

近年は人手不足で、中小工場で働く人を見つけることが難しい状況が続きました。また、経営者が高齢化する中で、後継者がいないために廃業する工場が増えています。

3 工場の大きさ別の工場数・働く人の数・出荷額（個人経営を除く）

働く人の数による工場の大きさ	工場数 （2022年6月1日）		働く人の数 （2022年6月1日）		出荷額 （2021年）	
	実数	%	千人	%	億円	%
1～9人	108 661	48.8	493	6.4	87 673	2.7
10～49人	84 580	38.0	1 855	24.0	454 527	13.8
50～99人	15 416	6.9	1 069	13.9	336 830	10.2
100～299人	10 616	4.8	1 730	22.4	710 608	21.5
300～999人	2 975	1.3	1 441	18.7	798 395	24.2
1000人以上	522	0.2	1 127	14.6	914 168	27.7
合計	222 770	100.0	7 714	100.0	3 302 200	100.0

資料は137ページ1と同じ。

伝統的工芸品

　日本には、昔から使われてきた工芸品がたくさんあります。これらは、伝統的な技術をみがいた人々が、おもに手づくりでつくったものです。これらの製品をつくる産業を守り、育てるために、国が伝統的工芸品を指定する制度があります。

　伝統的工芸品には、およそ100年以上もつくり方や材料が変わっていないもので、おもに生活に密着して

④ おもな伝統的工芸品（Ⅰ）（このほかにも多くの伝統的工芸品があります）

焼き物

京焼・清水焼
九谷焼
美濃焼
会津本郷焼
丹波立杭焼
唐津焼
萩焼
信楽焼
益子焼
伊万里・有田焼
波佐見焼
備前焼
常滑焼
笠間焼
薩摩焼
砥部焼
四日市萬古焼
瀬戸染付焼
壺屋焼

織物・染めものなど

二風谷アットウシ
小千谷ちぢみ, 小千谷つむぎ
近江上布
塩沢つむぎ
本塩沢
西陣織,
京鹿の子絞,
京友禅
十日町がすり,
十日町明石ちぢみ
置賜つむぎ
加賀友禅
桐生織
博多織
伊勢崎がすり
結城つむぎ
久留米がすり
本場大島つむぎ
久米島つむぎ
有松・鳴海しぼり
多摩織
琉球がすり
琉球びんがた
伊賀くみひも

一般家庭で使われるものが選ばれます。工場が集まって産地になって、産地全体で信頼される工芸品をつくっていることも条件のひとつです。伝統的工芸品は2023年末現在で241品目が指定されています。

人々の生活の変化で、伝統的工芸品を使う機会が減りました。このため、多くの伝統的工芸品で工場や働く人が減っています。特に後継者不足は問題で、技術を未来に伝えることが難しくなっています。

おもな伝統的工芸品（Ⅱ）（このほかにも多くの伝統工芸品があります）

漆器

飛騨春慶
川連漆器
津軽塗
輪島塗
山中漆器
高岡漆器
越前漆器
会津塗
香川漆器
木曽漆器
紀州漆器
京漆器
鎌倉彫

その他のおもなもの

二風谷イタ
京扇子，京表具，京仏だん，京仏具
天童将棋駒
大館曲げわっぱ
金沢箔
南部鉄器
彦根仏だん
宮城伝統こけし
広島仏だん
越前和紙
高岡銅器
真壁石燈籠
熊野筆
博多人形
江戸木目込人形
甲州手彫印章
川辺仏だん
堺打刃物
三河仏だん
丸亀うちわ
名古屋仏だん
駿河ひな人形

140

TPP（環太平洋パートナーシップ）11協定は、2018年に日本をふくむアジア太平洋地域ではじまりました。2023年7月、地域外のイギリスがTPPに正式加入することが決まりました。EUから離脱したイギリスは、TPPでアジア太平洋地域との結びつきを強めることで、経済の活性化を期待しています。イギリスの加入で、TPP経済圏はヨーロッパに広がり、参加12か国のGDPは、世界全体の約15％をしめることになりました。写真はイギリスのベーデノック国際貿易相（右から2人目）と各国の代表（共同通信社提供）。

第5章／商業と貿易

1

商業

商業

　商品は、多くの人の手を経て生産者から消費者に届けられます。この商品の流れを流通といい、流通における売り買いにかかわる仕事が商業です。商業には、卸売業と小売業があります。

　卸売業は、生産者から大量に商品を仕入れて、多くの小売業者（商店）に必要に応じて商品を売ることが仕事です。小さな商店が多い日本では、複数の卸売業者が間に入ることで、さまざまな商品が確実に商店にとどけられてきました。近年、流

1 商品の流れ（流通）

生産者 → 卸売
- 大量に商品を仕入れる
- 仕分けをして配送する
- 在庫（ざいこ）の管理をする
→ 小売 → 消費者

大きなスーパーなどは生産者と直接取引きをすることがあります。

インターネットや配送システムの発達によって、消費者が生産者から直に買うことができる商品もあります。

おおまかな商品の流れ（流通）を図にしたものです。このほかにも、さまざまな流通の方法があります。商品の種類によっても流通の仕方はちがっていて、自動車などメーカー（生産者）の系列店が小売をするケースや、野菜や魚など市場を通って流通するケースもあります。

通はインターネットや配送システムが発達したことで簡単になり、生産者と消費者が直接、売り買いすることも増えています。しかし卸売業の仕事は、いまでも多くの生産者と多くの商店をつないで流通を安定的に行う重要な役割を果たしています。

小売業は、生産者や卸売業者から商品を買って消費者に売る産業です。近年は、スーパーやコンビニなどのほかに、お店を持たない無店舗販売が増えています。自動販売機も無店舗販売の一つです。無店舗販売で多いのは通信販売で、新聞や雑誌、インターネットなどに広告を出して、消費者から電話やインターネットな

2 卸売業と小売業 （2021年6月1日、年間商品販売額は2020年）

	事業所数（千）			従業者数（千人）	年間商品販売額（十億円）	売場面積（千m²）
		法人	個人			
卸売業	349	319	30	3 857	401 634	―
小売業	880	578	302	7 540	138 180	136 953
商業計	1 229	897	332	11 397	539 814	136 953

総務省・経済産業省「経済センサス－活動調査」(2021年)より作成。事業所数、従業者数（働く人の数）は、管理や補助的な作業のみを行う事業所や、売上高が無い事業所などをふくみます。従業者数には、臨時でやとわれている人はふくみません。年間商品販売額と売場面積は、法人の事業所のみを対象としています。

3 従業者規模別の事業所数の割合 （2021年6月1日）

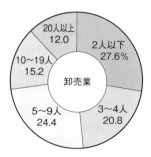
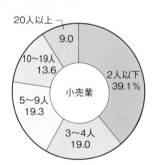

資料は上の2と同じ。

どで注文を受ける小売業です。

総務省・経済産業省による2021年のしらべでは、商業のすべての事業所（お店や事務所など）の数は122万8920で、卸売業（問屋）は34万8889、小売業（商店）は88万31でした。商業では小さな事業所が多く、特に小売業では、従業者（働く人）が2人未満の商店が小売業全体の39.1％をしめています。

④産業別の年間商品販売額の割合 （2020年）

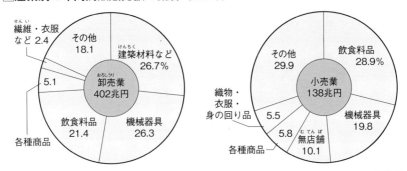

繊維・衣服など 2.4
その他 18.1
建築材料など 26.7％
卸売業 402兆円
5.1
飲食料品 21.4
機械器具 26.3
各種商品

その他 29.9
飲食料品 28.9％
小売業 138兆円
織物・衣服・身の回り品 5.5
機械器具 19.8
各種商品 5.8
無店舗 10.1

総務省・経済産業省「経済センサス－活動調査」(2021年) より作成。2020年1年間の商品販売額。各種商品とは、さまざまな商品をあつかう事業所で、小売業では百貨店や総合スーパーなどです。卸売業の建築材料には、鉱物・金属材料などをふくみます。産業別に分類できない事業所は、その他にふくまれています。

⑤店舗の種類別でみた売上高の動き

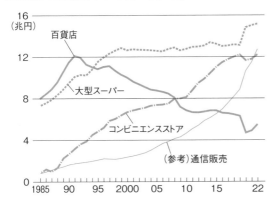

16（兆円）
百貨店
大型スーパー
コンビニエンスストア
12
8
4
0
1985 90 95 2000 05 10 15 22
（参考）通信販売

経済産業省および日本フランチャイズチェーン協会、日本通信販売協会資料より作成。通信販売は、日本通信販売協会の会員企業を対象とした調査で、会計年度。百貨店、大型スーパー、コンビニエンスストアにはインターネット等による通信販売の販売額もふくまれています。大型スーパーは従業者50人以上で売り場面積の半分以上でセルフサービス（自分で商品を選び、レジで料金を支払うシステム）を行っている商店。

商品の値段と物価

　商品の値段やサービスの料金は、原則として市場での自由競争で決まります。商品を買いたい人（需要）が増えると、高くても売れるようになり、商品を売りたい人（供給）が増えると、安くないと売れません。商品やサービスの価格の水準は物価と呼ばれます。

　2019年末から新型コロナウイルス感染症が世界的に大流行し、外出制限などが行われたことで、多くのモノやサービスに対する需要が下がりました。一方、食料や医薬品など必要な商品は需要が高まりました。

　2022年2月に始まったロシアのウクライナ侵攻により、エネルギー価格は上昇し、世界経済に大きな影響をあたえました。さらに、多くの品物を輸入する日本は、円安が進んだことから、物価が上昇しています。

6 消費者物価指数の動き （2020年＝100）（全国、生鮮食品を除く総合）

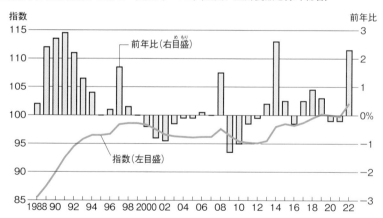

総務省「消費者物価指数」（2020年基準）より作成。消費者物価指数とは、人々が購入する商品やサービスの価格（物価）の動きをみるための指標で、現在は2020年を100として算出されています。この図は、天候などの影響で価格が大きく変動する生鮮食品を除いた全国総合指数です。消費者物価指数は、消費税をふくむ価格をもとに作成されます。1989年4月1日に税率3％の消費税が始まり、1997年4月1日より5％、2014年4月1日より8％へ引き上げられ、2019年10月1日より10％（特定の品目は8％）に引き上げられました。

第5章／商業と貿易

2
貿易
ぼうえき

日本の貿易
にほん　　　ぼうえき

　日本は、小麦などの食料や、原油、天然ガスなどのエネルギー資源、鉄鉱石の原材料を外国からの輸入に頼っています。
てっこうせき　　　　　　　　　　　　　　　　　　　　　　　　ゆ
にゅう　たよ

　日本の工業は、原料を輸入して工業製品を生産し、外国に輸出する加工貿易で発展しました。輸出品の中心は、繊維製品から鉄鋼、カラーテレビ、自動車などへ移りました。
せいひん　　　　　　　　　　　　ゆしゅつ
はってん
せんい　　　　　　　　てっこう
うつ

　1980年代には、日本の輸出が増え過ぎてアメリカなどと貿易摩擦に発展したため、1980年代半ばから日本
まさつ

①日本の貿易の移り変わり
うつ

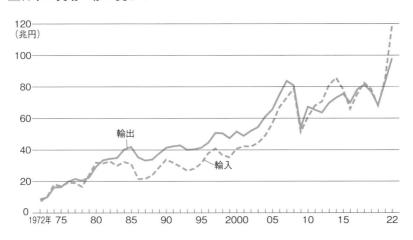

財務省「貿易統計」より作成。
ざいむしょう　ぼうえき とうけい

の企業は現地生産を増やしました。また、中国などのアジアに工場を移し、日本から部品や素材を輸出してアジアで製造するようになります。その後、中国はアメリカ企業などの製造工程も担うようになり、日本からは部品や素材を中国に輸出し、中国から完成品がアメリカや日本に輸出されるサプライチェーンができていきました（99ページ）。

　日本の貿易額は、1981年から2010年まで黒字でした。しかし、工業製品の輸入が増えたことに加えて、2011年の東日本大震災で原子力発電が止まり、燃料を大量に輸入したことで、その後赤字が続きました。

　2022年は、円安やロシアのウクライナ侵攻にともなうエネルギー価格の高騰によって、輸入額が増え、日本は大幅な貿易赤字になりました。2023年も円安の影響は続いており、自動車輸出の増加などで貿易赤字は縮小したものの、9兆円ほどの赤字になっています（速報値）。

貿易黒字と貿易赤字

　輸出で受け取る金額が、輸入で支払う金額より多いことを貿易黒字と言います。その反対が貿易赤字です。

2 日本の輸出入額 （単位　億円）

	輸出	輸入	輸出－輸入
1960	14 596	16 168	-1 572
1970	69 544	67 972	1 571
1980	293 825	319 953	-26 129
1990	414 569	338 552	76 017
2000	516 542	409 384	107 158
2010	673 996	607 650	66 347
2018	814 788	827 033	-12 246
2019	769 317	785 995	-16 678
2020	683 991	680 108	3 883
2021	830 914	848 750	-17 836
2022	981 736	1 185 032	-203 295

財務省「貿易統計」より作成。

3 日本の貿易の黒字と赤字

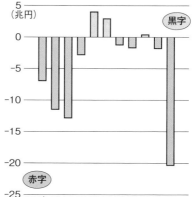

財務省「貿易統計」より作成。

④輸出品の移り変わり

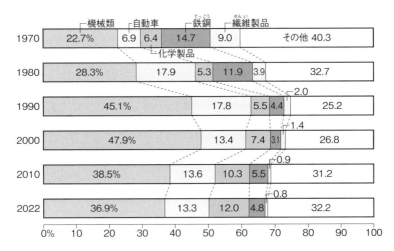

```
        機械類        自動車      鉄鋼    繊維製品
1970  22.7%      6.9  6.4  14.7   9.0      その他 40.3
                     └化学製品

1980  28.3%         17.9      5.3  11.9  3.9      32.7

                                         ┌2.0
1990  45.1%            17.8      5.5 4.4      25.2

                                         ┌1.4
2000  47.9%            13.4    7.4 3.1       26.8

                                         ┌0.9
2010  38.5%         13.6    10.3  5.5        31.2

                                         ┌0.8
2022  36.9%         13.3    12.0  4.8        32.2

0%  10  20  30  40  50  60  70  80  90  100
```

⑤輸入品の移り変わり

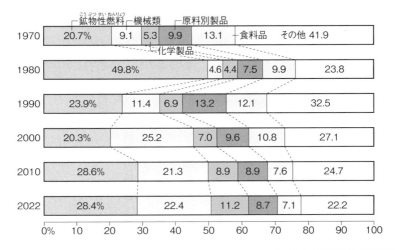

```
        鉱物性燃料  機械類    原料別製品
1970  20.7%    9.1 5.3  9.9   13.1 ┌食料品  その他 41.9
                  └化学製品

1980  49.8%              4.6 4.4 7.5  9.9      23.8

1990  23.9%      11.4  6.9  13.2    12.1       32.5

2000  20.3%       25.2      7.0  9.6  10.8     27.1

2010  28.6%       21.3      8.9  8.9  7.6      24.7

2022  28.4%       22.4      11.2  8.7  7.1     22.2

0%  10  20  30  40  50  60  70  80  90  100
```

財務省「貿易統計」より作成。機械類は一般機械と電気機器で、自動車など輸送機械や照明機器、精密機器をふくみません。自動車には部品をふくみません。繊維製品には織物用の糸をふくみます。鉱物性燃料は、石油や石炭、液化ガスなど自動車や発電の燃料になるものです。原料別製品は鉄鋼や非鉄金属、金属製品、繊維製品などの工業製品です。

おもな輸出品と輸入品（単位　億円）

輸出	2021	2022	輸入	2021	2022
機械類	316 917	362 460	機械類	213 296	265 725
半導体等製造装置	33 529	40 652	集積回路	27 452	41 233
集積回路	33 461	39 751	通信機	33 252	37 793
内燃機関	20 654	23 590	石油	90 693	162 878
自動車	107 222	130 116	原油	69 291	134 527
鉄鋼	38 143	47 386	液化ガス	50 108	94 999
自動車部品	36 001	38 476	石炭	28 013	78 199
プラスチック	29 765	31 545	医薬品	42 085	57 617
精密機器	24 165	26 140	衣類	28 352	35 010
非鉄金属	20 489	24 609	非鉄金属	28 358	33 406
合計	**830 914**	**981 736**	合計	**848 750**	**1 185 032**

資料および注記は148ページ[4][5]に同じ。石油は原油と石油製品（ガソリンなど）の合計、液化ガスは液化天然ガス（LNG）や液化石油ガス（LPG）、有機化合物は石油化学工業などでつくられる化学薬品類です。衣類にはベルトなど附属品をふくみます。合計にはその他をふくみます。

海外に投資して稼ぐ日本

　2022年の日本の貿易収支（輸出から輸入を引いた差額）は、約20兆円の赤字でした。これは、データの比較ができる1979年以降で最大の赤字です。2022年は円安が急速に進んで、輸入する時により多くの円を支払わなければならなくなりました。ま

貿易収支と投資収益

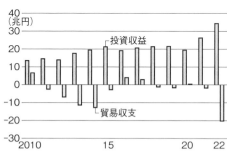

財務省「貿易統計」および「国際収支統計」より作成。

た、2022年のロシアのウクライナ侵攻などで、世界的に資源価格が上がったことも影響しています。一方、日本では近年海外への投資が増えています。2022年の投資の稼ぎは大きくのびて、約35兆円でした。日本は長く貿易で稼いできましたが、今は投資で稼ぐ国になってきています。

7 日本のおもな輸出品と輸出先 (2022年)

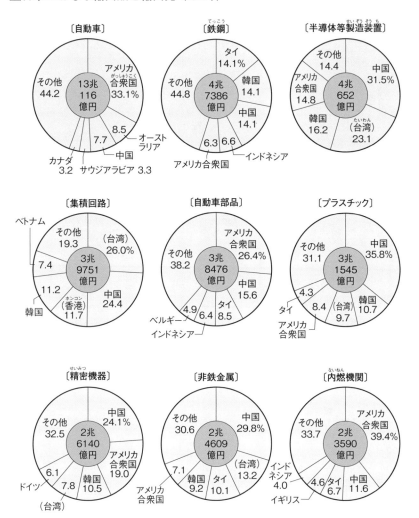

〔自動車〕
13兆116億円
アメリカ合衆国 33.1%
その他 44.2
オーストラリア 8.5
中国 7.7
サウジアラビア 3.3
カナダ 3.2

〔鉄鋼〕
4兆7386億円
タイ 14.1%
韓国 14.1
中国 14.1
インドネシア 6.6
アメリカ合衆国 6.3
その他 44.8

〔半導体等製造装置〕
4兆652億円
中国 31.5%
（台湾）23.1
韓国 16.2
アメリカ合衆国 14.8
その他 14.4

〔集積回路〕
3兆9751億円
（台湾）26.0%
中国 24.4
（香港）11.7
韓国 11.2
ベトナム 7.4
その他 19.3

〔自動車部品〕
3兆8476億円
アメリカ合衆国 26.4%
中国 15.6
タイ 8.5
インドネシア 6.4
ベルギー 4.9
その他 38.2

〔プラスチック〕
3兆1545億円
中国 35.8%
韓国 10.7
（台湾）9.7
アメリカ合衆国 8.4
タイ 4.3
その他 31.1

〔精密機器〕
2兆6140億円
中国 24.1%
アメリカ合衆国 19.0
韓国 10.5
（台湾）7.8
ドイツ 6.1
その他 32.5

〔非鉄金属〕
2兆4609億円
中国 29.8%
（台湾）13.2
タイ 10.1
韓国 9.2
アメリカ合衆国 7.1
その他 30.6

〔内燃機関〕
2兆3590億円
アメリカ合衆国 39.4%
中国 11.6
タイ 6.7
イギリス 4.6
インドネシア 4.0
その他 33.7

財務省「貿易統計」より作成。

⑧ 日本のおもな輸入品と輸入先 (2022年)

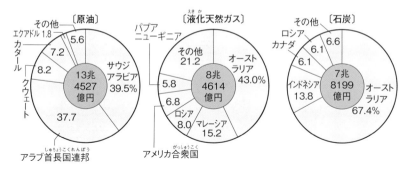

〔原油〕
13兆4527億円
サウジアラビア 39.5%
アラブ首長国連邦 37.7
クウェート 8.2
カタール 7.2
エクアドル 1.8
その他 5.6

〔液化天然ガス〕
8兆4614億円
オーストラリア 43.0%
マレーシア 15.2
アメリカ合衆国
ロシア 8.0
6.8
5.8
その他 21.2
パプアニューギニア

〔石炭〕
7兆8199億円
オーストラリア 67.4%
インドネシア 13.8
カナダ 6.1
ロシア 6.1
その他 6.6

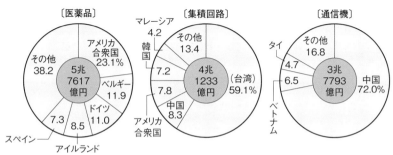

〔医薬品〕
5兆7617億円
アメリカ合衆国 23.1%
ベルギー 11.9
ドイツ 11.0
アイルランド 8.5
スペイン 7.3
その他 38.2

〔集積回路〕
4兆1233億円
(台湾) 59.1%
中国 8.3
アメリカ合衆国 7.8
韓国 7.2
マレーシア 4.2
その他 13.4

〔通信機〕
3兆7793億円
中国 72.0%
ベトナム 6.5
タイ 4.7
その他 16.8

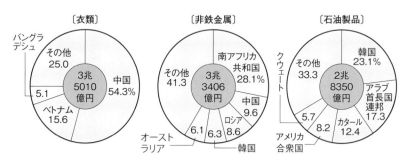

〔衣類〕
3兆5010億円
中国 54.3%
ベトナム 15.6
5.1
バングラデシュ
その他 25.0

〔非鉄金属〕
3兆3406億円
南アフリカ共和国 28.1%
中国 9.6
ロシア 8.6
韓国 6.3
オーストラリア 6.1
その他 41.3

〔石油製品〕
2兆8350億円
韓国 23.1%
アラブ首長国連邦 17.3
カタール 12.4
アメリカ合衆国 8.2
クウェート 5.7
その他 33.3

資料は⑦に同じ。

9 おもな貿易港の輸出入額 (2022年)

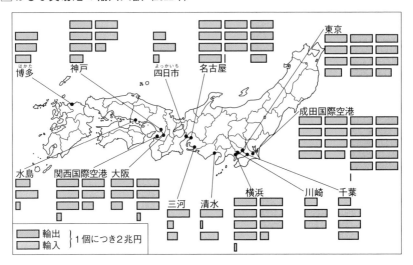

	輸出		輸入		計	
	億円	%	億円	%	億円	%
成田国際空港	158 430	16.1	201 457	17.0	359 887	16.6
東京	74 694	7.6	154 000	13.0	228 694	10.6
名古屋	140 124	14.3	73 810	6.2	213 933	9.9
横浜	82 415	8.4	67 352	5.7	149 767	6.9
神戸	71 880	7.3	48 753	4.1	120 633	5.6
関西国際空港	64 476	6.6	50 399	4.3	114 874	5.3
大阪	50 034	5.1	63 124	5.3	113 158	5.2
千葉	11 565	1.2	58 104	4.9	69 669	3.2
博多	39 143	4.0	13 800	1.2	52 943	2.4
川崎	12 498	1.3	39 244	3.3	51 742	2.4
水島	13 019	1.3	24 298	2.1	37 317	1.7
清水	22 495	2.3	14 488	1.2	36 983	1.7
四日市	10 540	1.1	25 152	2.1	35 692	1.6
三河	25 310	2.6	8 713	0.7	34 024	1.6
堺	9 826	1.0	23 022	1.9	32 848	1.5
合計	**981 736**	100.0	**1 185 032**	100.0	**2 166 768**	100.0

財務省「貿易統計」より作成。合計にはその他の貿易港をふくみます。

10 おもな貿易港の輸出品と輸入品 （金額ベース）（2022年）

貿易港	輸出品 （%）
成田 1)	半導体等製造装置9.4、金（非貨幣用）8.2、精密機器6.2、 集積回路4.1、電気計測機器3.4
名古屋	自動車24.2、自動車部品15.3、内燃機関3.8、金属加工機械3.7、 電気計測機器3.7
横浜	自動車17.1、自動車部品5.3、内燃機関4.1、プラスチック4.1、 金属加工機械3.0
東京	半導体等製造装置6.8、プラスチック5.0、コンピュータ部品4.5、 自動車部品4.1、電気回路用品3.5
神戸	建設用・鉱山用機械7.0、プラスチック6.5、無機化合物5.3、織物類4.3
関空 2)	集積回路18.3、電気回路用品6.5、半導体等製造装置6.1、精密機器5.0
大阪	集積回路11.3、コンデンサー8.4、プラスチック5.1、電気回路用品4.4
博多	集積回路28.8、自動車24.1、半導体等製造装置5.0
三河	自動車94.4、鉄鋼1.5、船舶0.9
清水	内燃機関15.0、二輪自動車8.6、自動車部品7.8、精密機器7.4

貿易港	輸入品 （%）
成田 1)	医薬品17.9、通信機13.1、集積回路12.0、精密機器7.1、 コンピュータ6.8
東京	衣類7.5、コンピュータ5.4、肉類4.4、集積回路4.2、魚介類4.2
名古屋	液化ガス10.5、石油10.4、衣類5.4、アルミニウム5.4、 絶縁電線・ケーブル4.7
横浜	石油12.8、アルミニウム4.1、液化ガス3.6、有機化合物3.6、 金属鉱3.4
大阪	衣類11.7、肉類5.9、織物類4.5、鉄鋼3.7、金属製品3.5
千葉	石油60.8、液化ガス15.5、自動車4.6、鉄鋼3.4、有機化合物2.9
関空 2)	医薬品27.7、通信機10.5、集積回路8.7、精密機器4.5
神戸	無機化合物7.4、衣類7.1、たばこ4.7、石炭4.6、有機化合物4.4
川崎	液化ガス38.2、石油27.8、肉類11.6、石炭4.4、魚介類3.6
四日市	石油59.0、液化ガス20.8、石炭5.2、有機化合物1.3、天然ゴム1.3

財務省「貿易統計」より作成。輸出入金額の多い10の貿易港。自動車には部品をふくみません。二輪自動車には部品をふくみます。織物類は織物用の糸と繊維製品の合計です。液化ガスは液化天然ガス、液化石油ガスなど。石油は原油と石油製品の合計です。肉類には調整品（ハムなど加工品）をふくみます。衣類には附属品（ベルトなど）をふくみます。織物類は織物用の糸と繊維製品の合計。1）成田国際空港。2）関西国際空港。

11 日本の貿易相手先の地域別割合 (金額ベース)

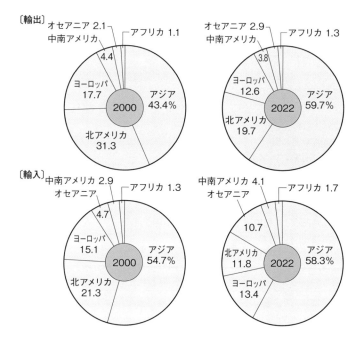

〔輸出〕

オセアニア 2.1
中南アメリカ
アフリカ 1.1
4.4
ヨーロッパ 17.7
2000
アジア 43.4%
北アメリカ 31.3

オセアニア 2.9
中南アメリカ
アフリカ 1.3
3.8
ヨーロッパ 12.6
2022
アジア 59.7%
北アメリカ 19.7

〔輸入〕

中南アメリカ 2.9
オセアニア
アフリカ 1.3
4.7
ヨーロッパ 15.1
2000
アジア 54.7%
北アメリカ 21.3

中南アメリカ 4.1
オセアニア
アフリカ 1.7
10.7
北アメリカ 11.8
2022
アジア 58.3%
ヨーロッパ 13.4

財務省「貿易統計」より作成。

12 日本の貿易額にしめる対米・対中・対韓貿易の割合

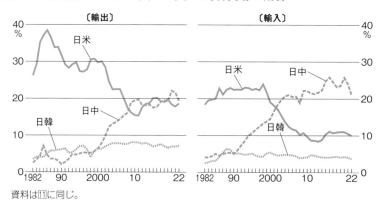

〔輸出〕

40%

30

20

10

0
1982　90　2000　10　22

日米

日中

日韓

〔輸入〕

40%

30

20

10

0
1982　90　2000　10　22

日米

日中

日韓

資料は 11 に同じ。

13 日本のおもな貿易相手国と輸出入額 (単位 億円)

	輸出			輸入		
	2021	2022	2022 (％)	2021	2022	2022 (％)
中国	179 844	190 037	19.4	203 818	248 497	21.0
アメリカ合衆国	148 315	182 550	18.6	89 156	117 589	9.9
オーストラリア	16 745	21 727	2.2	57 533	116 225	9.8
(台湾)	59 881	68 575	7.0	36 782	51 094	4.3
韓国	57 696	71 062	7.2	35 213	44 167	3.7
タイ	36 246	42 680	4.3	28 931	35 034	3.0
アラブ首長国連邦	7 717	11 155	1.1	29 780	60 723	5.1
サウジアラビア	4 889	6 678	0.7	30 194	56 472	4.8
ベトナム	20 968	24 510	2.5	25 255	34 794	2.9
インドネシア	14 654	19 791	2.0	21 569	37 720	3.2
マレーシア	17 137	21 663	2.2	21 664	34 312	2.9
ドイツ	22 791	25 702	2.6	26 030	29 940	2.5
(香港)	38 904	43 575	4.4	1 202	1 347	0.1
シンガポール	22 006	29 349	3.0	9 737	12 949	1.1
カナダ	9 169	11 320	1.2	15 065	21 752	1.8
フィリピン	12 197	15 975	1.6	11 968	14 280	1.2
インド	14 111	18 314	1.9	6 744	8 525	0.7
ロシア	8 623	6 040	0.6	15 516	19 718	1.7
イギリス	11 378	14 498	1.5	7 580	9 037	0.8
メキシコ	11 895	14 412	1.5	6 348	8 455	0.7
合計	**830 914**	**981 736**	100.0	**848 750**	**1 185 032**	100.0

財務省「貿易統計」より作成。日本と2022年中の貿易額（輸出と輸入の合計）の多い20か国・地域をならべたものです。合計にはその他の国・地域をふくみます。

貿易統計の確定値 貿易統計は財務省が公表する輸出入に関する統計です。これは、貿易を行う会社などが、税関に行う申告などを元に作られています。後日、申告が修正されることがあり、財務省は速報、確報、確定の順に修正値を公表しています。2020年より、確定の前に新しく確々報が公表されるようになり、確定の公表は今までより遅い翌年の11月に変わりました。なお、この本での貿易統計は全て確定値を用いています。

14 日本のおもな貿易相手国 (2022年)

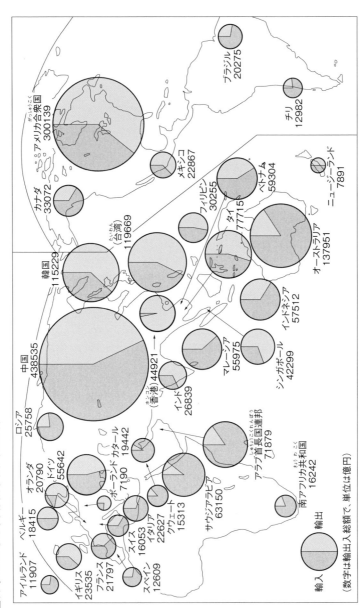

ブラジル 20275

チリ 12982

アメリカ合衆国 300139

メキシコ 22867

カナダ 33072

ベトナム 59304

ニュージーランド 7891

フィリピン 30255

タイ 77715

オーストラリア 137951

台湾 119669

韓国 115229

インドネシア 57512

マレーシア 55975

シンガポール 42299

中国 438535

(香港 44921)

インド 26839

ロシア 25758

アラブ首長国連邦 71879

オランダ 20790

ドイツ 55642

ポーランド 19442

カタール 7190

サウジアラビア 63150

南アフリカ共和国 16242

ベルギー 18415

アイルランド 11907

イギリス 23535

フランス 21797

スイス 16053

イタリア 22627

クウェート 15313

スペイン 12609

輸出

輸入

(数字は輸出入総額で、単位は億円)

財務省「貿易統計」より作成。日本との輸出入合計が7000億円以上の国・地域です。

156

日本と世界をつなぐ経済連携

国同士や地域内などで、お互いに関税を引き下げるなど貿易を活性化するFTA（自由貿易協定）やEPA（経済連携協定）が増えています。ヨーロッパではEU（欧州連合）、アメリカではUSMCA（米国・メキシコ・カナダ協定、NAFTA（北米自由貿易協定）に代わる）があります。近年、日本はFTAやEPAを増やしていて、2018年にTPP（環太平洋パートナーシップ）11協定をオーストラリアやベトナムなど11か国間で結びました（2023年7月に12か国目のイギリスが参加）。2019年にはEUとのEPAを、2020年にはアメリカと日米貿易協定を結んでいます。2022年1月には、RCEP（地域的な包括的経済連携）協定を日本、中国、ASEAN6か国など10か国間で発効しました（2023年6月までにフィリピンなどが参加し14か国）。

2022年5月にアメリカの呼びかけで、日本をふくむインド太平洋地域13か国によるIPEF（インド太平洋経済枠組み）が発足しました。2023年11月には、参加国同士のサプライチェーン強化に関する協定の署名が行われています。

15 日本の経済連携協定別の貿易額 （単位　億円）

	2021	2022		2021	2022
TPP11協定	9 478	11 745	日インド	2 085	2 857
RCEP協定	—	40 858	日チリ	1 884	2 509
中国	—	36 156	日オーストラリア	1 533	2 461
韓国	—	3 184	日ベトナム	1 581	2 273
日EU	18 235	23 870	日英	518	780
日ASEAN	8 770	12 579	日スイス	550	712
日タイ	6 920	9 069	日メキシコ	497	547
日米	6 905	8 530	日シンガポール	335	427
日インドネシア	3 888	5 048	日ペルー	179	231
日フィリピン	2 832	3 295	日モンゴル	9	11
日マレーシア	2 135	3 003	日ブルネイ	4	8

財務省「貿易統計」より作成。各協定別の貿易額。

世界の貿易

　世界の国々は、自分の国に足りない商品を輸入し、多く得られる商品を外国に輸出しています。輸出で稼いだ外貨は、自国の経済や国民の生活を支えています。

　中国は世界の工場と呼ばれ、2009年から輸出額が世界一になりました。その2割はアメリカ向けです。一方、アメリカは世界一の輸入国で、貿易赤字も世界最大です。この米中間では2018年から貿易摩擦が激しくなっています。近年は、新型コロナ感染症の影響で、世界の貿易が滞りました。さらに、2022年10月からアメリカが先端半導体の輸出規制を行い、米中の対立は深まっています。

　2022年のロシアのウクライナ侵攻で、資源や穀物などの価格が高騰し、世界の貿易が混乱しました。2023年10月には、イスラエル軍とイスラム組織「ハマス」が衝突し、世界貿易への影響が心配されています。

16 **世界各国の貿易額**（2022年）(単位　億ドル)

	輸出	輸入		輸出	輸入
中国	35 935	27 162	インド	4 534	7 204
アメリカ合衆国	20 643	33 758	シンガポール	5 158	4 756
ドイツ	16 576	15 708	アラブ首長国連邦	5 328	4 205
オランダ	9 667	8 983	(台湾)	4 778	4 358
日本	7 469	8 972	スペイン	4 184	4 934
フランス	6 179	8 183	ロシア	5 883	2 804
韓国	6 836	7 314	スイス	4 017	3 565
イギリス	5 302	8 239	ポーランド	3 605	3 812
イタリア	6 570	6 893	ベトナム	3 713	3 591
(香港)	6 099	6 676	オーストラリア	4 126	3 092
ベルギー	6 352	6 237	マレーシア	3 525	2 943
メキシコ	5 782	6 263	ブラジル	3 341	2 922
カナダ	5 991	5 819	トルコ	2 542	3 637

世界貿易機関（WTO) WTO STATS "International Trade Statistics" より作成。貿易額（輸出と輸入の合計）の多い国・地域の順にならべたものです。なお、用いた資料が異なるため、160〜162ページにある各国の輸出額、輸入額とはデータが一致しません。

158

17 地域・国別の世界輸出貿易 （2022年）

	EU 28.7%						USMCA 13.0				
総額 24兆 9258億ドル	ドイツ 6.7%	オランダ 3.9	イタリア 2.6	フランス 2.5	その他EU 13.0	ASEAN・AsiaNIES 15.0	アメリカ合衆国 8.3	メキシコ・カナダ 4.7	中国 14.4	日本 3.0	その他 25.9

0%　10　20　30　40　50　60　70　80　90　100

資料は158ページ16に同じ。EU（欧州連合）は27か国（215ページ参照）。USMCA（米国・メキシコ・カナダ協定）は2020年7月にNAFTA（北米自由貿易協定）を改めた新しい貿易協定。ASEAN（東南アジア諸国連合）は、インドネシア、マレーシア、フィリピン、タイ、シンガポール、ベトナム、ミャンマー、ラオス、カンボジア、ブルネイの10か国。アジアNIEs（新興工業経済群）は韓国、（台湾）、（香港）、シンガポール（シンガポールはASEANにもふくまれ、ASEANとアジアNIEsを足すときに重複しないようにしています）。

18 世界輸出にしめるおもな国の割合

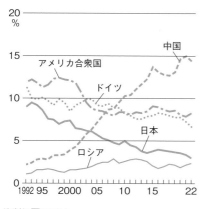

資料は16に同じ。

中国への輸出規制

　近年、米中の対立が進むなか、アメリカは自国の経済や軍事上の安全のため、中国への最先端半導体や半導体製造装置の輸出を2022年10月から規制しています。半導体は、ハイテク機器のような重要な製品のほか、兵器などに使われています。アメリカの強い働きかけで、日本も2023年7月、オランダも9月から規制をはじめました。特に、半導体製造装置はアメリカ・日本・オランダの3か国で世界シェアの約8割をしめています。中国は、各国の対応に反発して、半導体の材料に使われる希少金属（レアメタル）などの輸出規制を行っています。

19 インドの貿易品 (2022年)

輸出品	億ドル	輸入品	億ドル
石油製品	969	原油	1 735
機械類	555	機械類	1 229
ダイヤモンド	239	通信機器	254
医薬品	216	石炭	506
有機化合物	208	金(非貨幣用)	366
自動車	198	有機化合物	290
繊維品	193	ダイヤモンド	271
鉄鋼	184	植物性油脂	215
衣類	176	プラスチック	208
貴金属製品	124	石油製品	207
計	**4 527**	計	**7 326**

20 韓国の貿易品 (2022年)

輸出品	億ドル	輸入品	億ドル
機械類	2 527	機械類	1 953
通信機器	806	電子部品類[1]	467
電子部品類[1]	551	通信機器	387
自動車	743	半導体等製造装置	201
石油製品	643	原油	1 060
プラスチック	367	液化天然ガス	500
精密機器	349	石炭	283
鉄鋼	325	石油製品	276
有機化合物	245	精密機器	243
自動車部品	199	自動車	216
計	**6 836**	計	**7 314**

21 中国の貿易品 (2022年)

輸出品	億ドル	輸入品	億ドル
機械類	14 716	機械類	8 085
通信機器	3 654	電子部品類[1]	3 326
コンピュータ	1 879	通信機器	1 664
電子部品類[1]	1 462	原油	3 655
衣類	1 824	鉄鉱石	1 281
自動車	1 622	精密機器	1 158
金属製品	1 570	非鉄金属	844
繊維品	1 481	自動車	808
精密機器	1 056	金(非貨幣用)	767
鉄鋼	1 009	プラスチック	694
計	**35 936**	計	**27 160**

22 イギリスの貿易品 (2022年)

輸出品	億ドル	輸入品	億ドル
機械類	1 049	機械類	1 652
金(非貨幣用)	736	通信機器	271
自動車	390	自動車	719
医薬品	295	金(非貨幣用)	426
原油	251	原油	395
非鉄金属	223	医薬品	336
石油製品	210	石油製品	316
精密機器	172	天然ガス[2]	301
航空機	123	液化天然ガス	288
有機化合物	114	衣類	257
計	**5 323**	計	**8 216**

国連 "Comtrade Database" より作成。資料は158ページ⑯と異なり、貿易額は一致しません。「日本の貿易」と同じ名前の項目でも、データの範囲が少し異なる場合があります。自動車は、自動車部品や、二輪自動車などふくみます。繊維品には衣類をふくみません。衣類には附属品(ベルト・ボタンなど)をふくみます。機械類には自動車などの輸送用機械や精密機器をふくみません。有機化合物は石油化学工業などでつくられる化学薬品類です。計にはその他をふくみます。1) 集積回路をふくみます(2022年の集積回路の数値は非公開)。2) 液化天然ガスをふくみません。

23 オランダの貿易品 (2022年)

輸出品	億ドル	輸入品	億ドル
機械類	1 549	機械類	1 488
通信機器	262	通信機器	308
半導体等製造装置	214	原油	587
石油製品	917	石油製品	462
医薬品	302	自動車	298
自動車	267	医薬品	252
有機化合物	261	精密機器	231
精密機器	260	有機化合物	226
プラスチック	258	衣類	192
野菜・果実	224	液化天然ガス	190
計	**7 683**	計	**7 108**

24 ドイツの貿易品 (2022年)

輸出品	億ドル	輸入品	億ドル
機械類	7 353	機械類	5 253
自動車	2 523	自動車	1 348
医薬品	1 284	医薬品	854
自動車部品	633	天然ガス[2]	715
精密機器	579	有機化合物	658
金属製品	527	原油	632
鉄鋼	394	衣類	505
非鉄金属	383	非鉄金属	470
有機化合物	351	金属製品	435
航空機	294	鉄鋼	418
計	**16 861**	計	**15 889**

25 フランスの貿易品 (2022年)

輸出品	億ドル	輸入品	億ドル
機械類	1 131	機械類	1 538
自動車	475	自動車	705
医薬品	386	石油製品	383
航空機	325	医薬品	352
化粧品類	196	原油	347
アルコール飲料	196	液化天然ガス	338
鉄鋼	179	衣類	294
プラスチック	176	天然ガス[2]	248
精密機器	156	金属製品	228
衣類	156	精密機器	202
計	**6 183**	計	**8 194**

26 ロシアの貿易品 (2021年)

輸出品[3]	億ドル	輸入品	億ドル
原油	1 110	機械類	923
石油製品	717	通信機器	148
鉄鋼	293	コンピュータ	78
非鉄金属	250	自動車	262
白金族	85	医薬品	145
アルミニウム	83	金属製品	99
石炭	196	プラスチック	94
金(非貨幣用)	174	衣類	91
機械類	168	野菜・果実	84
化学肥料	125	精密機器	72
計	**4 923**	計	**2 935**

資料と注記は160ページに同じ。3) ロシアの天然ガスの輸出は液化天然ガス（LNG）のデータのみ公表されており、ドイツなどにパイプラインで輸出する分は公表されていません。

27 アメリカ合衆国の貿易品 （2022年）

輸出品[4]	億ドル	輸入品	億ドル
機械類	4 336	機械類	9 528
電子部品類[1]	555	通信機器	1 638
通信機器	492	コンピュータ	1 238
石油製品	1 463	自動車	3 221
自動車	1 301	原油	2 047
原油	1 170	医薬品	1 756
医薬品	878	衣類	1 161
精密機器	796	精密機器	960
プラスチック	657	金属製品	882
有機化合物	527	石油製品	882
計	**20 621**	計	**33 729**

28 カナダの貿易品 （2022年）

輸出品	億ドル	輸入品	億ドル
原油	1 204	機械類	1 356
機械類	530	自動車	785
自動車	489	石油製品	215
非鉄金属	222	医薬品	210
石油製品	206	金属製品	173
天然ガス[2]	189	自動車部品	171
金(非貨幣用)	157	原油	165
化学肥料	137	鉄鋼	157
自動車部品	130	プラスチック	147
プラスチック	121	衣類	136
計	**5 966**	計	**5 696**

29 ブラジルの貿易品 （2022年）

輸出品	億ドル	輸入品	億ドル
大豆	467	機械類	705
原油	427	電子部品類[1]	106
鉄鉱石	289	通信機器	87
肉類	254	化学肥料	267
鉄鋼	174	石油製品	261
機械類	174	有機化合物	188
石油製品	137	自動車	171
とうもろこし	123	医薬品	114
自動車	117	原油	101
砂糖	110	プラスチック	95
計	**3 345**	計	**2 923**

30 オーストラリアの貿易品 （2022年）

輸出品[5]	億ドル	輸入品	億ドル
石炭	982	機械類	746
鉄鉱石	860	通信機器	121
液化天然ガス	630	コンピュータ	88
金(非貨幣用)	163	石油製品	393
肉類	116	自動車	363
原油	101	医薬品	137
小麦	100	金属製品	100
非鉄金属	97	衣類	94
機械類	85	精密機器	84
アルミナ	61	原油	74
計	**4 103**	計	**3 093**

資料と注記は160ページに同じ。4）アメリカ合衆国の航空機の輸出額は、米国商務省の資料では1031億ドル。5）オーストラリアの液化天然ガスの輸出額は、国際貿易センター（ITC）の資料では617億ドル。

東京と金沢を結ぶ北陸新幹線が、2024年3月、福井県の敦賀駅まで延伸されます。これにより、東京駅と福井駅は3時間で行き来できるようになります。沿線の地域では、企業が新たな拠点を設けるなど、延伸区間の開業に期待が寄せられています。一方、延伸に伴って、関西方面と北陸を結んできた特急が敦賀止まりとなるため、利用客からは利便性を心配する声もあがっています。写真は、沿線住民らの歓迎を受け福井駅の北陸新幹線ホームに到着した、走行試験中の営業用車両「W7系」(共同通信社提供)。

1

陸上の交通

交通の動向

　輸送には、人を運ぶ「旅客輸送」と、モノを運ぶ「貨物輸送」があります。国内の旅客輸送（自家用車を除く）は、鉄道が最も多く利用され、ほかにバス、タクシー、船、飛行機などがあります。国内貨物輸送では、利便性が高いトラックが最も利用されています。鉄道や船舶は大量輸送が可能で、環境への負荷が小さいため、トラックから転換する「モーダルシフト」が行われています。

　鉄道や路線バスなどの公共交通は、人々の日常生活を支えるサービスです。しかし、自家用車の普及によって利用者は減り、特に人口減少が激しい地方では、多くの鉄道や路線バ

輸送量をあらわす単位

　輸送トンキロ：輸送機関が運んだ貨物の重さ（トン）に、それぞれの貨物の輸送距離（キロメートル）をかけ合わせたもの。

　輸送人キロ：旅客の人員数（人）に、それぞれの旅客が乗車した距離（キロメートル）をかけ合わせたもの。

スが廃止されました。国土交通省は、2000年度から2022年度の間に、鉄道の45路線が廃止されたと報告しています。2023年4月には、JR北海道の留萌線が廃止となりました。路線バスも、利用者の減少や運転手不足で、減便や廃止が増えています。

近年は、移動が困難な地域を作らないように、自治体の支援などを活用して、新たな公共交通が導入されています。コミュニティバスや乗合タクシー、バス高速輸送システム（BRT）などです。2023年8月には、栃木県宇都宮市でライトレール（LRT）が開業しました。しかし、過疎化が進む地域では、今後も公共交通の減少が予測されています。

貨物輸送では、2024年よりトラック運転手の残業が制限され、輸送力の大幅な低下が予測されています。物流にかかるコストも上昇するとみられ、各企業は連携して配送拠点の統合や共同輸送などを図り、効率の向上を進めています。

[1]国内の輸送機関別輸送量の動き（会計年度）

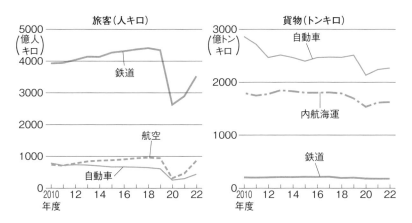

国土交通省「鉄道輸送統計調査」、「自動車輸送統計調査」、「内航船舶輸送統計調査」、「航空輸送統計調査」より作成。自動車は、2010年10月および2020年4月調査よりそれぞれ調査方法・集計方法が変更されたため、長期での統計比較ができなくなっています。2020年度より前の調査との大きな違いは、旅客輸送において、自家用自動車をふくまなくなったことです。本グラフで使用しているデータは、時系列で比較ができるように国土交通省が発表したデータです。

旅客	輸送人員 （百万人）			輸送人キロ （百万人キロ）		
	2020	2021	2022	2020	2021	2022
鉄道	17 670	18 805	21 054	263 211	289 891	352 853
JR	671	706	788	152 084	170 190	217 509
自動車1)	4 000	4 270	4 783	25 593	30 189	44 185
旅客船	45	49	…	1 523	1 847	…
航空2)	33.8	49.7	90.7	31 543	46 658	86 382

貨物	輸送トン数 （百万トン）			輸送トンキロ （百万トンキロ）		
	2020	2021	2022	2020	2021	2022
鉄道	39	39	38	18 340	18 042	17 984
自動車3)	3 787	3 888	3 826	213 419	224 095	226 886
内航海運	306	325	321	153 824	161 795	162 663
航空2)4)	0.4	0.5	0.5	464	528	599

国土交通省「鉄道輸送統計調査」、「自動車輸送統計調査」、「内航船舶輸送統計調査」、「数字で見る海事」、「航空輸送統計調査」より作成。165ページ図1の注記を参考にしてください。1）自家用自動車をふくみません。2）定期輸送のみ。3）貨物自家用自動車のうち、軽自動車をふくみません。4）超過手荷物や郵便物をふくみません。

3 輸送機関別の輸送量とエネルギー消費の割合 （2021年度）

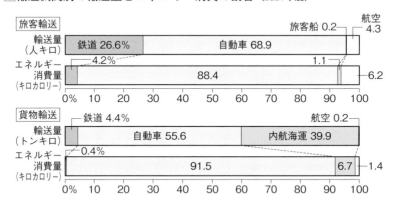

理工図書刊「EDMC／エネルギー・経済統計要覧」(2023年版）より作成。国土交通省は2020年度調査より自動車に関して調査方法等の見直しを行いましたが、本図では全体のエネルギー消費を見るため、EDMCによる旅客部門の自家用乗用車等をふくむ数値を使用しています。

鉄道による輸送

　鉄道による旅客輸送は、新型コロナウイルス感染症の影響を大きく受けました。人キロベースでの輸送量は、2019年度の4351億人キロから2020年度には2632億人キロと約40%減少しました。2022年度には3529億人キロと少し持ち直しましたが、コロナ前の状態に戻っていません。コロナ禍は利用者数の減少傾向に追い打ちをかけ、経営を維持することが困難な路線も多いです。

　新幹線は、1964年開業以降、路線の延伸が進んでいます。2022年9月には九州新幹線の武雄温泉と長崎間が開通し、2024年3月には北陸新幹線が福井県の敦賀まで開通します。

　貨物輸送は、2024年問題（169ページ）でトラック不足となるため、鉄道輸送が見直されています。JR貨物は、大型トラックと同じサイズのコンテナに切りかえるなど、モーダルシフトの円滑化を進めています。

④鉄道の旅客・貨物輸送量（会計年度）

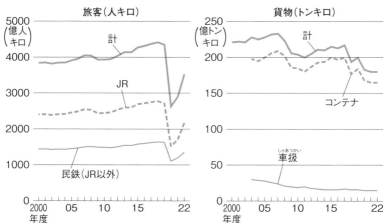

国土交通省「鉄道輸送統計」より作成。コンテナ輸送は、貨物をコンテナと呼ばれる容器に入れて鉄道で運びます。鉄道の無い所では、トラックに切りかえて荷物を運びます。車扱輸送は、タンク車などの貨車を1両単位で貸し切って輸送する形です。おもに石油の輸送に使われます。

モーダルシフトとは、トラック等で運ばれている貨物の輸送を、二酸化炭素（CO_2）排出量の少ない鉄道や船舶へ転換することです。コンテナ輸送は、モーダルシフトに適しています。

	旅客営業キロ（km）	旅客輸送人数[1]（万人）			旅客輸送人キロ（百万人キロ）
		定期	定期外	合計	
ＪＲ	19 744.7	476 360	312 104	788 463	217 509
新幹線	3 066.7	4 467	25 082	29 548	77 060
北海道線	148.8	1	106	107	168
東北線	713.7	1 413	5 204	6 617	10 980
上越線	303.6	632	2 671	3 304	3 695
東海道線	552.6	1 355	12 006	13 361	42 586
北陸線	345.5	270	2 186	2 456	2 874
山陽線	644.0	864	5 138	6 002	15 240
九州線	358.5	274	965	1 238	1 517
民鉄	7 852.4	722 280	594 609	1 316 890	135 344
合計	**27 597.1**	**1 198 640**	**906 713**	**2 105 353**	**352 853**

国土交通省「鉄道輸送統計」（2022年度）より作成。旅客営業キロは2023年3月末現在。1）旅客輸送人数の新幹線計は、各新幹線路線間の重複分を除いています。

	貨物営業キロ（km）	貨物輸送トン数（万トン）	貨物トンキロ（百万トンキロ）		
			コンテナ	車扱	計
北海道	1 305.7	406	1 920	1	1 921
東北	1 491.4	1 171	2 827	133	2 959
関東	1 515.1	2 215	2 213	884	3 098
北陸信越	1 102.4	513	1 033	156	1 189
中部	999.8	1 798	2 954	306	3 260
近畿	433.1	1 156	2 380	9	2 389
中国	652.0	829	2 552	12	2 564
四国	218.4	68	65	—	65
九州	763.2	468	539	1	539
全国計	**8 481.1**	1) **3 826**	**16 483**	**1 501**	**17 984**

国土交通省「鉄道輸送統計」（2022年度）より作成。運輸局別。北陸信越は、新潟、富山、石川、長野。中部は福井、岐阜、静岡、愛知、三重。貨物営業キロは2023年3月末現在。車扱は、貨車を1車単位で貸し切って輸送する方法で、石油・化学薬品・セメント・石炭などで使用されます。1）貨物輸送トン数の全国計は、各地域間輸送での重複を除いてあります。

自動車による輸送

　自動車による人の移動は、自家用車の利用が主流です。路線バスやタクシーなどの公共交通は、人口減少や少子高齢化の影響で、サービスの維持が困難な地域が増えてきました。路線バスでは、利益が出ないことに加えて運転手不足が深刻で、路線の廃止が相次いでいます。これに対し、特に地方では、利用者があらかじめ予約して希望地点まで送迎するデマンド交通や、市町村やNPO（非営利団体）によるコミュニティバスの運行などが行われています。

　タクシーは、外国人観光客が増加するなかで、観光地を中心に運転手が不足しています。過疎地での送迎

7 **道路の整備状況** （2020年度末現在）（単位　km）

	実延長	改良済の道路[1]		自動車交通不能	ほそう道[3]	
		長さ	%[2]		長さ	%[2]
高速自動車国道	9 100	9 100	100.0	―	9 100	100.0
一般国道	56 111	52 254	93.1	139	52 434	93.4
都道府県道	129 827	92 183	71.0	1 638	86 302	66.5
市町村道	1 034 201	619 856	59.9	137 471	204 309	19.8
合計	**1 229 239**	**773 393**	62.9	**139 248**	**352 145**	28.6

国土交通省「道路統計年報」（2022年）より作成。1）定められた基準に基づいてつくられた道路。改良済の道路のうち、車道幅5.5メートル以上のものです。ただし、市町村道は車道幅5.5メートル未満をふくみます。2）実延長に対する割合。3）簡易ほそう道を除きます。

トラック運転手の不足問題

　トラック運転手の不足が問題になっています。運転手の高齢化や長い労働時間が要因で、最近はネット通販が広がり輸送量が増え、運転手の仕事量はさらに増加しています。労働環境を良くするため、2024年4月からトラック運転手の残業時間に上限（1年間960時間）が設けられますが、労働力不足で物流が滞ることが心配され、物流業界の「2024年問題」と呼ばれています。一方で、物流を良くするために、RORO船（荷物を積んだままのトラック等を運ぶ船）の活用などが進められています。

や、福祉サービスへの送迎でも、タクシーは重要な移動手段です。現在、一般ドライバーは自家用車をタクシーに利用できませんが、政府は、教習所などで講習を受ければ、自家用車でのタクシー営業を許可す

8 営業用自動車の旅客輸送量

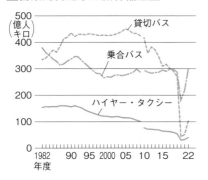

国土交通省「自動車輸送統計」より作成。2010年度データより調査方法および集計方法が変更されたため、数値は接続しません。

9 貨物自動車の輸送品

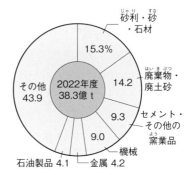

国土交通省「自動車輸送統計」より作成。貨物自家用自動車もふくまれますが、2010年からは、自家用の軽自動車は調査対象外です。

10 宅配便とメール便の個数 (会計年度)

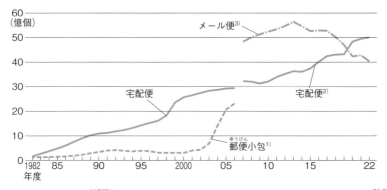

国土交通省「宅配便等取扱個数の調査及び集計方法」(2022年度) より作成。2007年10月の郵政民営化にともない、2006年度までのデータと2007年度以降のデータは接続しません。1) 冊子小包をふくみます。2) ゆうパック、ゆうパケットをふくみます。3) メール便は、書籍やカタログなどの比較的軽い貨物を郵便受付箱などに配達されるもの。冊数として数えられます。

る新制度を導入する方針です。

　貨物は、高度成長期からトラックの輸送量が増加しました。1990年中ごろからは土砂の輸送量などが減っていますが、近年は宅配便の増加で、運転手の仕事量が増えています。

11 **自動車保有台数の動き**（会計年度末）

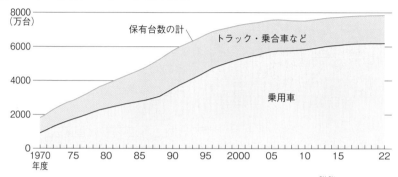

国土交通省「自動車保有車両数」より作成。三輪車をふくみます。トラック・乗合車などには、特種・特殊用途自動車をふくんでいます。特種用途自動車は、緊急車、冷蔵・冷凍車、タンク車などとして登録されている自動車で、特殊自動車は、雪上車、除雪車、トラクター、ブルドーザー、ロードローラーなどで登録されている自動車です。乗用車は、乗車定員10人以下。乗合車は、乗車定員11人以上の乗用車で、乗合バスや路線バス、乗合タクシーなどのことです。

12 **おもな国の四輪車保有台数**（2021年末）

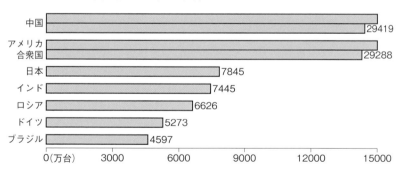

日本自動車工業会「日本の自動車工業」(2023年版)より作成。四輪車の保有台数で、特種（殊）用途自動車をふくみます。世界計は15億7130万台です。

第6章／交通と通信

2
海上の交通

海上輸送（海運）

海運は、海上を利用して、船舶でモノ（貨物）や人（旅客）を運びます。ほかの輸送手段と比べると、大量・長距離の輸送が可能で、コストが安いという特徴があります。外国との海上輸送は外航海運と呼ばれ、日本の貿易輸送のほとんどを外航海運が担っています。

外航海運では、荷積みされるコンテナのサイズが国際規格で統一されています。そのため、世界のどこでもトラックや鉄道への積みかえが容易で、輸送の効率が大きく向上しま

① 世界の商船船腹量（総トン数）の割合（2023年1月1日現在）

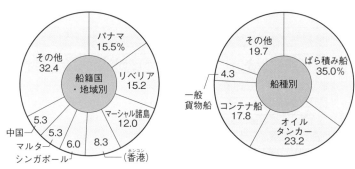

UNCTAD（国連貿易開発会議）“UNCTADstat”より作成。100総トン以上の船が調査対象。漁船やヨット、軍艦などはふくみません。**総トン数**は船の大きさを表す指標で、2023年の世界計は15億3686万総トン。船は人の戸籍のように所属地を登録する必要があります（左グラフ）。日本で登録されている船（日本籍船）は、世界全体の約2％です（船舶数ベースでは約5％の5229隻）。

した。コンテナ船は大型化し、一度に運べる輸送量は増えています。各国は、大型船が寄港できる港湾の整備を進めており、特に中国の港湾はコンテナ取扱量を増やしています。一方で、日本の港に寄港する数は減り、国際競争力は低下しています。

世界の海上輸送ルートには、狭くて通行が困難な海峡や運河など、重要なポイント（チョークポイント）があります。マラッカ・シンガポール海峡やエジプトのスエズ運河、中

②世界の海上輸送量（単位　百万トン）

	石油	原油	石油製品	鉄鉱石	石炭	穀物	計
1990	1 548	1 133	415	356	331	195	4 285
2000	2 331	1 745	586	447	509	230	6 393
2010	2 821	1 917	904	990	927	319	9 164
2020	2 818	1 852	966	1 505	1 179	520	11 586
2021	2 869	1 854	1 015	1 520	1 226	530	11 982
2022	3 006	1 957	1 049	1 477	1 220	517	11 920

国土交通省「数字で見る海事2023」、日本海事広報協会「日本の海運　SHIPPING NOW 2023-2024」より作成。計にはその他をふくみます。

③世界の港湾のコンテナ取扱量（単位　万TEU）

港湾名（国・地域名）	1980年取扱量	港湾名（国・地域名）	2022年取扱量（速報）
ニューヨーク（米国）	194.7	上海（中国）	4 728.0
ロッテルダム（オランダ）	190.1	シンガポール（シンガポール）	3 729.0
香港	146.5	寧波舟山（中国）	3 336.0
神戸（日本）	145.6	深圳（中国）	3 004.0
高雄（台湾）	97.9	青島（中国）	2 566.0
シンガポール（シンガポール）	91.7	広州（中国）	2 460.0
サンファン（プエルトリコ）	85.2	釜山（韓国）	2 207.2
ロングビーチ（米国）	82.5	天津（中国）	2 103.0
ハンブルグ（ドイツ）	78.3	ロサンゼルス（米国）	1 904.5
オークランド（米国）	78.2	香港	1 663.7

国土交通省「数字で見る海事」(2023年)、「世界の港湾別コンテナ取扱個数ランキング」より作成。TEUは20フィートコンテナ１つを単位とした貨物取扱量です。

央アメリカのパナマ運河などです。2023年は、パナマ運河が干ばつで水不足になり、通行できる船舶数を制限する事態となりました。

　日本は、日本籍船以外に、外国籍船（外国で登録された船舶）を多く保有します。船を維持するためには多くの費用がかかります。そのため、多くの船は税金や船員の賃金を安くおさえることができる便宜置籍国（パナマやリベリアなど）に登録されています。これらの船は、便宜置籍船と呼ばれます。

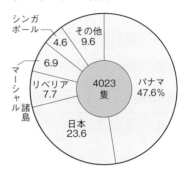

④日本が実質的に所有する
　船舶数の船籍国別割合
（2023年1月1日現在）

UNCTAD "UNCTADstat" より作成。日本の外航海運会社が実質的に保有している船舶数の船籍国別の割合です。このグラフは1000総トン以上の船舶を対象としています。

⑤日本の海上輸送貨物の品目別内訳 （2022年）

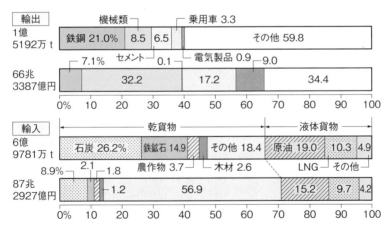

国土交通省「数字で見る海事」（2023年）より作成。元のデータは財務省「貿易統計」の確々報です。木材にはパルプ、チップをふくみます。農作物は、コメ、小麦、大麦、裸麦、トウモロコシ、大豆の合計です。LNGは液化天然ガスです。

6 日本商船隊の輸送量 (単位　千トン)

	2021			2022		
	日本籍船	外国用船	計	日本籍船	外国用船	計
輸出	2 371	73 526	75 897	3 707	68 171	71 877
輸入	103 220	335 062	438 283	103 009	387 787	490 797
三国間	46 917	321 946	368 863	54 380	312 372	366 752
合計	**152 508**	**730 534**	**883 042**	**161 096**	**768 330**	**929 426**

国土交通省「数字で見る海事」(2023年) より作成。日本商船隊とは、日本の外航海運会社が運航する2000総トン以上の外航商船群を指し、日本籍船（日本で登録された船舶）と外国用船（外国籍の船舶を借り上げて輸送を行うもの）で構成されます。三国間輸送とは、自国以外の外国間の貿易に、仲介者として輸送を行うことです。

7 入港船舶の隻数と総トン数

	2010		2021		2022	
	隻数 (千)	総トン数 (万)	隻数 (千)	総トン数 (万)	隻数 (千)	総トン数 (万)
外航	112	187 983	86	174 238	83	173 453
商船	111	186 801	86	173 851	82	172 929
自動車航送船	1	1 181	0	386	1	524
内航	2 650	172 419	2 027	166 092	2 047	170 563
商船	1 742	83 708	1 325	85 723	1 344	87 198
自動車航送船	908	88 711	702	80 368	704	83 364
計	**4 231**	**369 921**	**3 038**	**347 740**	**3 062**	**351 259**

国土交通省「港湾統計年報」(2022年) より作成。日本の港に入港した総トン数5万トン以上の船舶を対象としています。計には、漁船や避難船などをふくみます。

8 おもな港の入港船舶の総トン数 (上位10港) (2022年)

港湾名（都道府県）	総トン数 (万)	港湾名（都道府県）	総トン数 (万)
横浜（神奈川）	26 587	大阪（大阪）	10 100
名古屋（愛知）	20 449	北九州（福岡）	9 520
神戸（兵庫）	16 629	苫小牧（北海道）	8 902
東京（東京）	14 035	川崎（神奈川）	8 485
千葉（千葉）	13 373	水島（岡山）	8 278

資料・注記は上の 7 に同じ。

3

空の交通

航空による輸送

飛行機は、車や船などより速く、より遠くに移動することができます。国内では遠方や離島との移動でよく利用されるほか、外国との移動では、ほとんどの人が飛行機を利用しています。

日本では、航空輸送に関する規制を減らす「航空自由化」を進めてきました。飛行機の受け入れ能力が限界に近い羽田空港は自由化の対象外となるなど、一部に制約が残っていますが、2010年から19年の間に、日本の国際旅客便数は2倍になりました。これは、多くの外国人旅行者が日本を訪れる要因になりました。

また、LCCと呼ばれる格安航空

１日本の航空輸送（会計年度）

	2018	2019	2020	2021	2022
旅客数（万人）					
国内線（定期輸送のみ）	10 390.3	10 187.3	3 376.8	4 969.5	9 066.2
国際線（国内航空会社のみ）	2 339.6	2 143.4	79.8	176.1	951.4
貨物（万トン）					
国内線（定期輸送のみ）	82.3	78.1	42.8	48.0	55.0
国際線（国内航空会社のみ）	144.7	145.9	135.9	176.4	147.1

国土交通省「航空輸送統計年報」より作成。定期輸送は、決められた時刻に運航されるもので、チャーター便や単発のものをふくみません。貨物は超過手荷物や郵便物をふくみません。

会社が登場しました。2012年には国内線で国内資本のLCCが就航し、旅客がさらに増えました。

②国際旅客便の便数（1週間の便数）

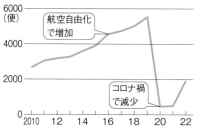

国土交通省「交通政策白書」より作成。毎年夏期スケジュールの第1週の計画数。2022年のみ冬期のもの。往復で1便としています。

2020年に本格化したコロナ禍で、飛行機に乗る人が減りました。特に国際線は、感染を防ぐために、国境を越えた移動が厳しく制限されたことが大きく影響しました。2022年の

LCC

LCCは、格安で飛行機に乗れる航空会社です。サービスを減らし、運行間隔をつめて、コストを抑えます。航空自由化やLCC用旅行ターミナルの整備などが進んだことで、LCCの便数が増えて、2022年の旅客数の割合は国内線で14.7%、国際線は20.3%でした。

③国内空港の利用状況（会計年度）（ヘリポートを除く）

	2017	2018	2019	2020	2021	2022
旅客（万人）						
国内線						
乗客	10 964	11 183	10 967	3 610	5 107	9 280
降客	10 967	11 183	10 967	3 610	5 106	9 279
国際線						
乗客	4 542	4 888	4 523	72	123	1 261
降客	4 569	4 911	4 525	72	107	1 329
通過客	222	220	223	23	64	229
貨物（万トン）						
国内線						
積みこみ	87.0	79.9	76.8	47.2	49.5	55.6
荷下ろし	87.8	80.7	77.2	47.0	49.2	55.4
国際線						
積みこみ	201.8	194.5	171.9	154.2	191.4	165.5
荷下ろし	211.2	199.0	198.0	172.8	211.5	183.6

国土交通省「空港管理状況調書」より作成。国内空港それぞれ利用されたものの合計で、国際線は前ページ①と異なり外国の航空会社をふくんでいます。通過客は乗りかえ客です。

旅客数は、国内線はコロナ前の水準に近づいていますが、国際線は中国でコロナ政策の転換が遅れたこともあって、回復が遅れています。

航空貨物は、特に国内便がコロナ禍の影響を受けました。飛行機を使った輸送は割高なため、半導体や精密機器、医薬品など、重量の割に価格の高い荷物を運ぶことが多いです。世界の国際航空貨物は、今後増えていくと予想されています。一方、国内航空貨物は、飛行機の小型化や路線の廃止などが影響して、2008年度をピークに減少しています。

4 航空旅客・貨物取り扱い量の空港別割合 （2022年度）

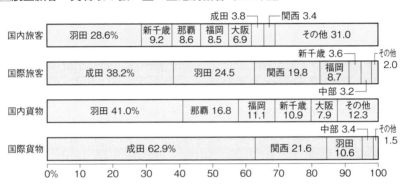

国内線は、国土交通省「航空輸送統計年報」による定期輸送の調査。国際線は同「空港管理状況調査」による空港（ヘリポートを除く）を利用したすべての飛行機で、外国の航空会社をふくみます。どちらも、飛行機に乗る客と降りる客（貨物では積みこみと荷下ろし）を合算した割合。国際旅客は通過客をふくみません。

5 おもな国内定期航空路線の旅客数 （2022年度）（単位　万人）

羽田ー新千歳	762.6	羽田ー長崎	134.5	中部ー新千歳	129.8
羽田ー大阪	445.2	羽田ー熊本	160.3	中部ー那覇	120.5
羽田ー関西	107.6	羽田ー宮崎	113.1	大阪ー新千歳	107.8
羽田ー広島	148.0	羽田ー鹿児島	206.8	大阪ー那覇	107.3
羽田ー高松	101.5	羽田ー那覇	584.0	関西ー新千歳	123.9
羽田ー松山	122.2	成田ー新千歳	182.3	関西ー那覇	115.5
羽田ー福岡	752.0	成田ー福岡	139.8	福岡ー那覇	181.0

国土交通省「航空輸送統計年報」より作成。

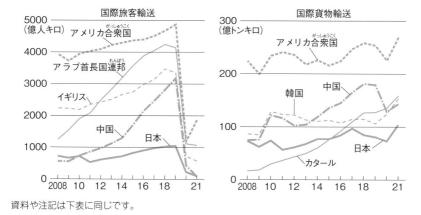

資料や注記は下表に同じです。

⑦各国の航空輸送（定期輸送）

	航空輸送（国内＋国際）			うち国際航空輸送		
	2019	2020	2021	2019	2020	2021
旅客（億人キロ）						
アメリカ合衆国	16 988	6 087	11 071	4 874	1 201	1 868
中国	11 697	6 297	6 523	3 178	434	88
ロシア	2 596	1 319	2 049	1 282	295	418
トルコ	2 025	737	1 193	1 695	560	952
アラブ首長国連邦	4 144	1 114	1 069	4 144	1 114	1 069
日本	2 042	662	514	1 051	225	101
計	**86 767**	**29 623**	**36 260**	**54 792**	**13 284**	**13 420**
貨物（億トンキロ）						
アメリカ合衆国	425	408	460	254	225	269
中国	254	193	210	179	129	143
カタール	127	135	159	127	135	159
韓国	107	125	154	106	124	153
アラブ首長国連邦	148	122	153	148	122	153
日本	89	78	109	81	73	104
計	**2 284**	**1 928**	**2 316**	**1 976**	**1 636**	**2 003**

ICAO "ANNUAL REPORT OF THE COUNCIL" より作成。一定の大きさ以上の航空会社のデータを、航空会社が所属する国で集計したものです。計には、その他の国をふくみます。

第6章／交通と通信

4
ゆうびん
郵便

郵便サービス

　郵便物は、同じ料金で、全国どこでも届けることが法律で決められています。国民生活にとって重要で、だれでも同じサービスを受けられるべき「ユニバーサルサービス」と考えられているからです。郵便事業は、以前は国が行っていましたが、2007年より民営化されています。

　メールやSNSが使われるようになって、郵便物は2001年をピークに減り続けています。郵便事業は赤字で、政府は手紙やはがきを値上げする方針を発表しています。

ゆうびん
1 **郵便事業**（会計年度）

	2000	2010	2020	2021	2022
郵便局数	24 774	24 529	24 311	24 284	24 251
郵便ポスト数	177 217	186 753	178 211	176 683	175 145
国内郵便（百万通）	26 114	19 758	15 221	14 833	14 423
年賀状（百万通）	3 615	2 812	1 557	1 368	1 171
国内荷物（百万個）	310	2 968	4 390	4 335	4 093
外国郵便（百万通）1)	104	53	21	22	20
外国小包（百万個）	2	1	2	3	2

日本郵政資料より作成。郵便局数・郵便ポスト数は各年度末時点。外国郵便・外国小包は発送した数。2007年10月の郵政民営化により、国内の小包は、名称が「小包」から「荷物」に変わりました。郵便による国内荷物は、ゆうパック（ゆうパケットをふくむ）とゆうメールからなります。国内荷物の個数は、通販や宅配便の利用が高まったこと、コンビニから発送できるようになったことなどの理由で、2004年度から急速に増えました。1) EMS（国際スピード郵便）をふくみます。

5

じょうほう
情報通信

電話・インターネット

日本に固定電話が広まったのは高度経済成長のころで、1970年代に契約数が増えました。1990年代には携帯電話が登場しました。通信技術の進歩により、携帯電話はインターネッ

1 電話契約数 （下表より作成）

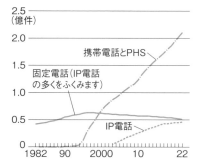

携帯電話とPHS

固定電話（IP電話
の多くをふくみます）

IP電話

2 電話契約数の変化 （会計年度末現在）（単位 万件）

	1990	2000	2010	2020	2021	2022
固定電話[1]	5 456	6 196	5 747	5 284	5 188	5 080
IP電話[2]	—	—	2 580	4 467	4 535	4 569
移動電話	87	6 678	12 329	19 499	20 326	21 069
携帯電話[3]	87	6 094	11 954	19 433	20 292	21 063
LTE	—	—	—	15 433	13 895	12 735
5G	—	—	—	1 423	4 512	6 981
PHS	—	584	375	66	34	6
人口100人あたり移動電話契約数[4]（件）	0.7	52.6	96.3	153.5	161.2	167.1

総務省資料より作成。1) 通話品質が高く、東京03などの電話番号を持つIP電話（0ABJ番号）がふくまれています。2) 0ABJ番号と、050から始まる電話番号を持つIP電話（050番号）を合わせたものです。3) 2016年度末から、携帯電話会社の報告数から総務省がショップの在庫などを引いています。4) 携帯電話会社の報告数から算出したものです。

トにつながるようになり、2000年代にかけて急速に広まりました。それとともに、固定電話の契約数は減りはじめ、IP電話への置きかえが進んでいます。2007年にはスマートフォンが登場し、アプリを通じてさまざまな機能を使える便利さから、普及が進みました。2020年には最新の通信規格である5Gがはじまりました。5Gでは、たくさんのデータを高速で、遅延なく送受信できるため、生活がより便利になると期待されています。

インターネットでサービスを提供するIT企業は、利用者から得られるデータによってお金をかせいでいます。世界的なIT企業は、集めたデー

③電話をかけた回数 (会計年度)(単位　億回)

	2000	2005	2010	2015	2020	2021
固定電話から	973.2	637.2	385.4	226.4	108.6	97.2
IP電話から	—	34.7	112.4	149.1	153.5	157.0
携帯電話から1)	474.2	539.3	608.7	518.1	416.5	412.4
計	1 447.5	1 211.2	1 106.5	893.5	678.7	666.6

総務省資料より作成。固定電話にはISDNのほか公衆電話をふくみます。前ページではIP電話の多くを固定電話にふくめましたが、本表ではふくめていません。最近は電話に代わってEメールや携帯電話のメール機能、アプリなどを使って通信することがふえて、電話をかける回数は2000年から全体的にへっています。1) PHSをふくみます。

生成AI（人工知能）

　生成AIは、人の指示に応じて、文章や画像、動画などを作り出すことができるAIのことです。チャットで質問に答えてくれる対話型AIや、オリジナルの画像を作ってくれる画像生成AIなどさまざまなサービスが登場し、急速に利用が広まっています。

　生成AIは、インターネット上にある情報を学習することで、新しいコンテンツを作り出します。そのため、生成AIが作成した文章や画像は、正しいとは限りません。また、オリジナルの著作物を元に似たものを作ってしまい、著作権を侵害するおそれがあるなど、利用には注意が必要です。最近は、生成AIを悪用して偽の写真や動画を作り、それがネット上で拡散されて混乱が起きるなどの問題が発生しています。AIの利用については、EUで規制案が合意されるなど、ルール作りが進んでいます。

タでサービスを向上し、より多くの利用者を呼びこむことで、強い力を持つ企業に成長しました。一方で、それらの企業が利用者とデータを独占していることで、ほかの企業が新たなサービスなどを始めづらく、サービス同士の競争が生まれない可能性があると心配されています。そのため、各国で IT企業に対する規制が進んでいます。

日本には世界的なインターネットサービスを展開する企業が少なく、利用者も外国企業のサービスに比べると多くありません。そのため日本企業が集められるデータには限りがあり、外国企業との競争力の差につながっています。

④超高速ブロードバンドの契約数

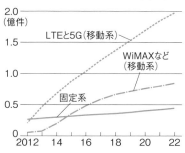

資料は181ページ②と同じ。各年度末現在。固定系は光ファイバーと30Mbps以上のケーブルでの契約数の合計。移動系はLTEとWiMAXなどで、1つの端末で両方の契約があるものは、それぞれにふくんでいます。

⑤広告費の変化

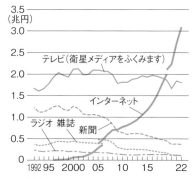

電通資料より作成。広告費に広告制作費を加えるなど、広告費とする範囲が異なるデータは折れ線をつなげていません。

⑥世界のインターネット利用者割合 (2022年)(%)

日本1)	84.9	マレーシア	97.4	フランス	85.3
インド2)	46.3	ナイジェリア2)	55.4	ロシア	90.4
インドネシア	66.5	南アフリカ共和国2)	72.3	アメリカ合衆国2)	91.8
韓国	97.2	イギリス2)	96.7	メキシコ2)	75.6
中国	75.6	ウクライナ2)	79.2	ブラジル	80.5
トルコ	83.4	ドイツ	91.6	世界全体	64.4

ITUデータより作成。調査の対象年齢や調査方法などが国によってちがう場合があります。1) 総務省データ。2) 2021年。

放送

テレビやラジオ放送は、視聴者から受信料をあつめて放送する公共放送のNHKと、コマーシャルを放送することでもらえる広告収入や、有料放送の料金で運営する民間放送（民放）があります。

放送は、電波を利用して人々にニュースや娯楽を提供します。公共の電波を独占するため、放送には国の免許が必要です。放送は社会への影響が大きいため、表現の自由を保障しつつも、報道は事実を曲げて伝えないことや、政治的に公平であることなどを法律で定めています。

最近は、インターネットでテレビ番組を視聴できるようになりました。また、動画配信サービスを利用する人が増え、そのサービス独自の番組の人気が高まるなど、放送を取り巻く環境は変化しています。

動画配信サービスの広がり

近年、インターネットを利用した動画配信サービスの人気が高まっています。YouTubeなどの投稿動画サイトや、ドラマ・映画の配信、スポーツ中継など、コンテンツの内容や配信方法もさまざまです。

2022年の有料動画配信サービスの売上高は4530億円で（デジタルコンテンツ協会しらべ）、前年に引き続き増加しました。動画広告の出稿額も、前年の1.3倍の5601億円（サイバーエージェントしらべ）と増えており、今後も拡大していくと予想されています。

⑦テレビ放送の契約数 （会計年度末現在）（単位　万件）

	1990	2000	2010	2020	2021	2022
NHK受信契約数	3 354	3 727	3 975	4 477	4 461	4 448
うち衛星契約1)	236	1 062	1 567	2 274	2 272	2 268
WOWOW	20	256	251	279	268	256
CS放送2)	3) 3	222	373	310	301	288
ケーブルテレビ4)	102	1 048	2 693	5) 3 117	5) 3 139	5) 3 162

NHKおよび衛星放送協会、総務省資料より作成。1) NHK地上波放送とNHK-BS放送を両方を見ることができる契約。2) 人工衛星から有料チャンネルを放送します。110度CSのほか、光ケーブルを利用したものをふくみます。2000年度末からは個人契約者数です。3) 1992年度末現在。4) 自主放送を行う事業者のみ。5) ケーブル接続端子が501以上の大きな事業者のみ。

新聞

日本の新聞業は、新聞販売店が新聞を毎日配達する仕組みが発達しています。新聞販売数の96％は戸別配達で（2023年）、店売りが多い海外と異なります。世界的にみて日本は新聞がよく読まれている国ですが、これは新聞販売店が支えています。

最近は、インターネットで新聞記事を無料で読めることもあって、世界的に販売部数や新聞広告が減っています。このため、経営が厳しい新聞社も少なくなく、インターネット配信記事を有料化するなど、収益を高める取り組みが進んでいます。

8 日本の新聞の発行部数 （単位　万部）

	1990	2000	2010	2020	2022	2023
一般紙	4 606	4 740	4 491	3 245	2 869	2 667
スポーツ紙	585	631	442	264	215	192
朝刊・夕刊セット	2 062	1 819	1 388	725	593	446
朝刊のみ	2 927	3 370	3 426	2 706	2 440	2 368
夕刊のみ	202	182	119	78	52	45
総数	**5 191**	**5 371**	**4 932**	**3 509**	**3 085**	**2 859**
1 世帯あたり（部）	1.26	1.13	0.92	0.61	0.53	0.49
紙面にしめる広告の割合（％）	44.0	40.1	33.5	30.6	29.7	…

日本新聞協会の資料および調査より作成。新聞の発行部数は各年10月時点です。

9 おもな国の新聞発行部数 （2022年）（単位　万部）

日本[1]	2 859	トルコ	335	ドイツ	1 474
インド	13 128	パキスタン	568	フランス	401
インドネシア	459	フィリピン	279	ロシア[2]	547
韓国	532	ベトナム[2]	381	アメリカ合衆国	2 404
タイ	664	（香港）	299	カナダ	288
（台湾）	272	エジプト	430	メキシコ	607
中国	14 163	イギリス	577	ブラジル	635

日本新聞協会の資料から作成しました。元のデータは、世界ニュース発行者協会（WAN-IFRA）が外部委託した部数調査に基づくもので、電子版はふくみません。1）2023年。2）2021年。

出版

　紙の本や雑誌の売り上げは1990年代半ばをピークに減少が続いています。一方、最近は電子コミックを中心に、電子出版の売り上げがのびており、出版市場の市場規模は横ばいに推移しています。出版市場のうち、電子出版は2022年で30％をしめており、今後も増えるとみられます。

　書店は、インターネット書店との競争や、電子出版を買う人が増えたことなどの影響で年々数が減っています。書店には、消費者に本や雑誌を紹介する役割がありますが、地域によっては書店がないところもあります。

10 本と雑誌の数と売り上げ

	1990	2000	2010	2020	2021	2022
出版点数（点）						
本（新刊のみ）	…	67 522	74 714	68 608	69 052	66 885
雑誌	2 802	3 433	3 453	2 626	2 536	2 482
推定販売部数（万冊）						
本	91 131	77 364	70 233	53 164	52 832	49 759
雑誌	358 892	340 542	217 222	95 427	88 069	77 132
推定販売金額（億円）						
本	8 660	9 706	8 213	6 661	6 804	6 497
雑誌	12 638	14 261	10 535	5 576	5 276	4 795

全国出版協会・出版科学研究所「出版指標年報」より作成しました。出版取次とよばれる卸売業者を経由して書店などに流通したもので、教科書や直接販売（一部を除く）などをふくみません。

11 紙の出版と電子出版の市場規模 （単位　億円）

	2018	2019	2020	2021	2022
紙の本や雑誌	12 921	12 360	12 237	12 080	11 292
電子出版	2 479	3 072	3 931	4 662	5 013
うち電子コミック[1]	2 002	2 593	3 420	4 114	4 479
計	**15 400**	**15 432**	**16 168**	**16 742**	**16 305**

資料は10と同じ。紙の本や雑誌は、上の表にある本と雑誌の推定販売金額を合計したものです。電子出版は読者が支払った金額で、広告収入はふくみません。1）コミック誌をふくみます。

2023年5月8日、新型コロナウイルス感染症の感染症法上の位置づけが「5類感染症」に変更され、それまでの分類「新型インフルエンザ等感染症（2類相当）」から、大幅に引き下げられました。「5類」に移行したことで、感染対策が個人の判断にゆだねられたほか、患者の外出制限がなくなるなど、対応が大きく変わりました。写真は、「5類」への移行を受け、飛沫防止のビニールカーテンを外すコンビニエンスストアの店員（時事提供）。

第7章／国民の生活

1

人々の生活

世帯と消費生活の変化

人々の生活は、世帯という家族の単位が基本になっています。世帯の形は変化してきて、1970年代ごろまでは、三世代世帯（親、その親、子どもの世帯）が一般的でしたが、その後は核家族世帯（夫婦のみの世帯や親と子どもの世帯）が増えました。近年は、一人で生活する世帯（単独世帯または単身世帯と呼ばれます）が増え、2020年の国勢調査によると、全体の38.0％が単身世帯となっています。特に、高齢化により、お年寄りの一人暮らしが増えています。

①家族の類型別の世帯数割合（一般世帯）

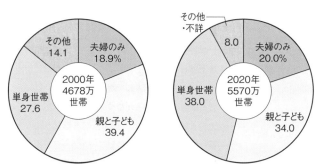

その他
14.1
夫婦のみ
18.9%
2000年
4678万
世帯
単身世帯
27.6
親と子ども
39.4

その他
・不詳
8.0
夫婦のみ
20.0%
2020年
5570万
世帯
単身世帯
38.0
親と子ども
34.0

総務省「国勢調査」より作成。世帯とは、住居と生計を共にする者の集まりです。一般世帯は、学生寮や病院などの施設をふくみません。夫婦のみの世帯と親と子どもの世帯は核家族と呼ばれます。1世帯あたりの世帯人員の平均は、2000年は2.67人、2020年は2.21人となっています。

世帯ごとの収入（給料などとして受け取るお金）と支出（支払うお金）は家計と呼ばれ、人々の暮らしを知る目安となります。世帯では、収入の中から税金や社会保険料（健康保険や年金など）といった必ず納めなければならない非消費支出を支払います。非消費支出を差し引いた残りのお金は可処分所得（いわゆる手取り収入）で、自由に使えるお金です。そこから消費支出（食料費や家賃、電気代など）を支払い、残りを黒字として貯金などにまわします。

　総務省の「家計調査」によると、

② 勤労者世帯の実収入と支出の内訳 （1か月平均）（2022年）

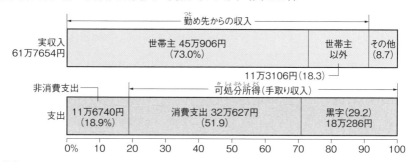

総務省「家計調査」より作成。全国の二人以上の勤労者（サラリーマン）世帯。実収入は現金収入のこと。実収入のその他は、社会保障の給付金などです。

③ 勤労者世帯の消費支出の内訳 （1か月平均）

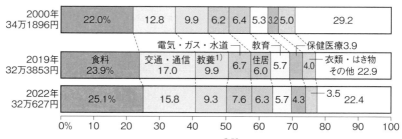

資料は上図に同じ。全国の二人以上の勤労者世帯。1）娯楽をふくみます。

2022年の二人以上の勤労者（サラリーマン）世帯の消費支出は1か月平均で32万627円で、前年より3.6%増加しました。コロナ前の2019年にはおよばないものの、外出自粛などで大きく消費支出が減った2020、21年に比べると、交通費や旅行費などを中心に回復しました。消費支出にしめる食料費の割合を示すエンゲル係数は、前年より0.3ポイント減少の25.1%でした。食料費の内訳をみると、米や肉、野菜など、素材となる食料の割合は前年より1.8ポイント減りました。外食の割合は2.0ポイント増えました。

4 消費支出と食料費の動き （1か月平均）

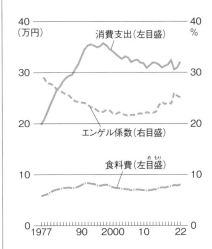

総務省「家計調査」より作成。全国の二人以上の勤労者世帯。1999年以前は農業、林業、漁業を営む世帯を除きます。エンゲル係数は、消費支出にしめる食料費の割合です。

5 1世帯あたりの食料費の内訳 （1か月平均）

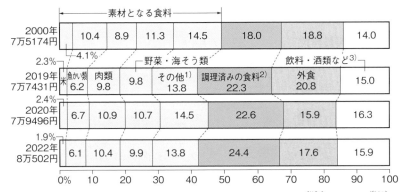

資料は上図に同じ。全国の二人以上の勤労者世帯。2020年は新型コロナの影響で外食費が減少しました。1）パン、めん類、卵、乳製品、果物など。2）菓子類をふくむ。3）油や調味料をふくむ。

6 住宅の総数 （2018年）

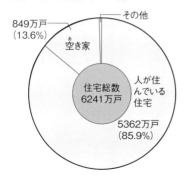

総務省「住宅・土地統計調査」より作成。10月1日現在。5年に一度の調査です。ふだん住んでいない別荘などは空き家にふくまれます。

7 住宅の変化

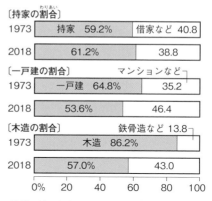

〔持家の割合〕

1973	持家 59.2%	借家など 40.8
2018	61.2%	38.8

〔一戸建の割合〕 マンションなど

1973	一戸建 64.8%	35.2
2018	53.6%	46.4

〔木造の割合〕 鉄骨造など 13.8

1973	木造 86.2%	
2018	57.0%	43.0

0% 20 40 60 80 100

資料・注記は左図に同じ。人が住んでいる住宅のみ。1973年の住宅総数は2873万戸です。

8 家庭での機械の保有数量 （100世帯あたり）と普及率

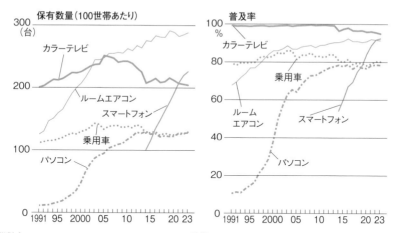

内閣府「消費動向調査」より作成。各年3月末現在。二人以上の世帯。2014年からカラーテレビは薄型のみです。そのほかの2023年の普及率は、温水洗浄トイレ81.7%、システムキッチン70.6%、食器洗い機37.1%、空気清浄機45.1%、光ディスクプレーヤー・レコーダー（ブルーレイ）50.3%、デジタルカメラ53.1%（カメラ付き携帯電話はふくまず）、タブレット型端末44.9%など。

生活時間とレジャー

総務省の「社会生活基本調査」によると、ここ20年の人々の生活時間は、人付き合いの時間が減り、身の回りの用事や休養、趣味の時間が増える傾向にあります。テレビや新聞などに使う時間は年々減っています。

コロナ禍では、外出が減り、テレワークやオンライン授業の機会が増えました。2021年の調査結果によると、5年前に比べ、1日あたり平均の睡眠時間は14分、休養やくつろぎの時間は20分増えました。一方、交際や付き合いの時間は7分、通勤や通学の時間は3分減りました。

⑨総数および在学別の1日の生活時間配分（10歳以上、週全体）

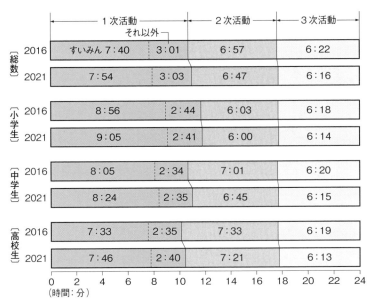

総務省「社会生活基本調査」(2021年版) より作成。1人1日あたりの週平均の行動時間数。該当の行動をしなかった人をふくみます。総数は、10歳以上のすべての人の平均です。1次活動はすいみんのほかに身の回りの用事と食事があります。2次活動は社会生活を営む上で義務的な性格の強い活動のことで、仕事や学業のほかに家事、育児、買い物、介護などがあります。3次活動は自由に使える時間の活動のことで、テレビや休養、趣味、スポーツ、ボランティア活動などがあります。

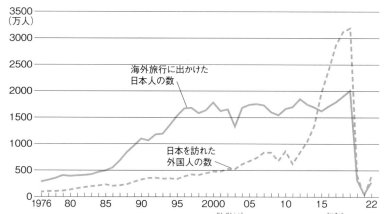

⑩ 海外旅行者数の動き

日本政府観光局（JNTO）の資料より作成。2003年は感染症SARS（サーズ）の影響で、2008年と2009年は世界的な金融危機の影響で旅行者が減少しました。2011年は東日本大震災の影響で日本を訪れた外国人の数が減少、2020、21年は新型コロナの影響で入国者・出国者ともに激減しました。

インバウンドの回復

　近年、日本は外国人が訪れる旅行（インバウンド）を増やす努力を行ってきました。2019年の外国人旅行者数は3188万人で、過去最多を記録しました。しかし、新型コロナによって各国が出国を制限し、日本でも入国を制限した結果、2020、21年の旅行者数は激減しました。

　感染状況が落ち着くにつれ、日本政府は制限を徐々に緩和して、2022年10月には外国人旅行者の受け入れを本格的に再開しました。それ以来、外国人旅行者数は着実に回復しています。2023年10月の外国人旅行者数は252万人で、2019年の同じ月をコロナ後初めて上回りました。

	2022年1～10月（万人）	2023年1～10月（万人）	増加倍率（倍）
韓国	24.1	552.6	22.9
台湾	6.1	339.9	55.4
中国	13.5	185.4	13.8
アメリカ合衆国	13.0	167.8	12.9
香港	4.5	166.3	37.0
タイ	6.3	75.6	12.0
ベトナム	22.2	49.0	2.2
フィリピン	6.5	48.0	7.4
オーストラリア	2.7	46.4	17.4
シンガポール	2.5	39.2	15.9
カナダ	1.9	35.0	18.1
インドネシア	6.8	32.4	4.7
マレーシア	2.0	30.4	14.9
イギリス	2.9	26.8	9.4
フランス	3.1	23.6	7.5
総数	**152.7**	**1 989.1**	13.0

日本政府観光局（JNTO）資料より作成。
1～10月で日本を訪れた外国人観光客数。

第7章／国民の生活

2
事故と犯罪

交通事故

　2022年の交通事故件数は30万839件で、18年連続で減少しました。死者数は2610人で、7年連続で減少し、過去最少を更新しました。

　一方で、自転車が関わる事故の割合は6年連続で増え、2022年は全体の23.3%でした。自転車事故を減らすため、交通違反への反則金が検討されているほか、2023年4月から、自転車に乗る人に対して、ヘルメットの着用が努力義務となりました。最近は電動キックボードによる事故も増えており、警察は利用者に交通ルールを守るよう求めています。

1 道路交通事故

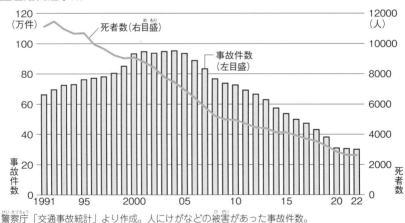

警察庁「交通事故統計」より作成。人にけがなどの被害があった事故件数。

犯罪

2022年の犯罪の認知件数（交通事故を除く）は60万1331件で、20年ぶりに増加しました。新型コロナによる行動制限が緩和されたことで、街頭での犯罪が増えました。

インターネットを使った犯罪も増加しています。企業などのパソコンを使用できない状態にして、解除と引き換えにお金を要求するランサムウェアの被害が増えたほか、SNSを通じて犯罪の実行犯を募集する「闇バイト」も大きな問題です。

②犯罪件数の動き

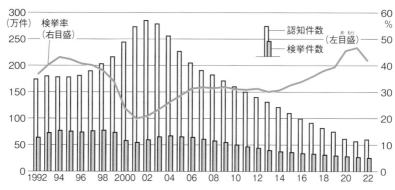

資料・注記は下表に同じ。

③犯罪の発生状況

	2010	2020	2021	2022	増減率（％）
認知件数（件）	1 604 019	614 231	568 104	601 331	5.8
検挙件数（件）	497 356	279 185	264 485	250 350	-5.3
検挙率（％）	31.0	45.5	46.6	41.6	—
検挙人員（人）	322 620	182 582	175 041	169 409	-3.2
うち少年	85 846	17 466	14 818	14 887	0.5

警察庁「犯罪統計」より作成。刑法に違反した犯罪（交通事故をのぞく）のみで、薬物関連などはふくみません。認知件数は警察において犯罪の発生が認知された件数で、検挙件数はつかまえた容疑者（検挙人員）を警察が取り調べる件数です。検挙人員のうち、少年は14歳以上20歳未満です。検挙率は認知件数にしめる検挙件数の割合です。増減率は2022年の対前年比です。

3

働く人々

働く人々の生活

　少子高齢化が進むなかで、生産活動を支える生産年齢人口（15〜64歳の人口）は、1995年をピークに減少傾向が続いています。今後もさらに減る見込みで、労働力の不足や経済の縮小など、さまざまな問題が心配されています。

　労働力不足を解消し、経済成長を促すためには、女性や高齢者をふくむ多くの人が労働に参加することや、一人ひとりの労働生産性を高めることが重要です。働く人を増やす

　労働力人口は働くことができる人の数を示していて、15歳以上で実際に仕事を持つ人（就業者と呼ばれ、休職者をふくみます）と、仕事を探している人（完全失業者）の合計です。非労働力人口は、15歳以上で、現在仕事をしておらず、働く意思がない人を指します。学生や専業主婦、いわゆるニート（家事も通学もしていない若者）は、非労働力人口にふくまれます。

①労働力人口の動き

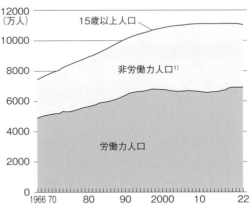

総務省「労働力調査」より作成。労働力人口、非労働力人口については左の解説参照。1）就業状態不詳を含む。

ため、政府は、それぞれの事情に応じた働き方を選ぶことができる「働き方改革」を進めてきました。働き方改革では、残業時間を減らし、休みをとりやすくする法整備を行って、より少ない労働時間で効率的に働く環境づくりを企業側に求めています。また、年々増えている非正社員（パートやアルバイト、派遣社員など）に対して、正社員と不合理な待遇差にならないように、「同一労働同一賃金」を目指しています。

日本は、他の先進国に比べて長い間賃金が伸び悩んでおり、経済成長が停滞する要因となっていました。現在、政府は賃上げを重要な政策としています。2023年の春闘（労働条件の改善をめざす交渉）での賃上げ率は、30年ぶりの高い水準となりました。しかし、物価の上昇が賃上げを上回っており、人々の暮らしは厳しくなっています。

持続的な賃上げのためには、働く人の能力の底上げも重要で、政府はリスキリング（新しいスキルや知識を学ぶこと）を促進しています。

②男女別の就業状態の動き（単位　万人）

	1990	2000	2010	2019	2020	2021	2022
就業者	6 249	6 446	6 298	6 750	6 710	6 713	6 723
男	3 713	3 817	3 643	3 744	3 724	3 711	3 699
女	2 536	2 629	2 656	3 005	2 986	3 002	3 024
完全失業者	134	320	334	162	192	195	179
男	77	196	207	96	115	117	107
女	57	123	128	66	76	78	73
労働力人口	**6 384**	**6 766**	**6 632**	**6 912**	**6 902**	**6 907**	**6 902**
完全失業率（％）	2.1	4.7	5.1	2.4	2.8	2.8	2.6
男	2.0	4.9	5.4	2.5	3.0	3.1	2.8
女	2.2	4.5	4.6	2.2	2.5	2.5	2.4

総務省「労働力調査」より作成。用語については196ページの解説を参考にしてください。就業者は賃金や給料のある仕事をした人（調査時に休んでいる人をふくみます）。就業者には、会社などで働く雇用者、個人で事業を営む自営業主、家族の事業を手伝っている人（家族従業者）がいます。完全失業率は、労働力人口のうち完全失業者がしめる割合のことです。

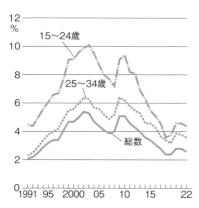

③年齢別の失業率の動き

総務省「労働力調査」より作成。2009年は
2008年秋に起きたリーマンショックの影響、
2020年は新型コロナウイルス感染拡大の影響
で、それぞれ失業者が増えました。2011年は
推計値です（東日本大震災の影響による）。

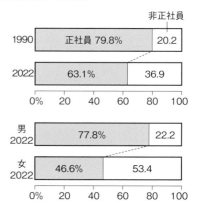

④雇用者の内訳

資料は左図に同じ。役員を除く雇用者数の内
訳。非正社員は、パートやアルバイト、契約
社員や派遣社員などです。非正社員の総数の
内訳を男女別割合でみると、男性が32%、女
性が68%です。

⑤年間労働時間とパートタイム労働者比率の動き

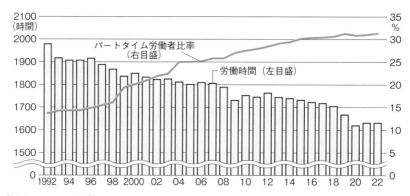

厚生労働省「毎月勤労統計調査」より作成。全産業の合計で、労働者が5人以上の事業所における
データ。労働時間はパートタイムをふくむ労働者1人あたりの年間平均で、残業などをふくみます。
パートタイム労働者比率は、全労働者にしめるパートタイム労働者の割合です。2020年は新型コロ
ナウイルス感染拡大の影響でパートタイムの雇用が減少し、平均労働時間は大きく減少しました。

198

第7章／国民の生活

4
環境問題

産業の発展と公害

　戦後の日本では、重化学工業を中心に産業を発展させるため、多くの工場がつくられました。しかし、それらの工場が有害な物質をたれ流して空気や水を汚したり、騒音や振動などを発生させて、まわりに住む人々の健康を害しました。

　当時、国や企業は産業の発展を第一に考えて、人々の健康を守ることを後回しにしてきました。1950年代から60年代にかけて表面化した四大公害病の被害は深刻で、大きな社会問題となりました。そして、それまで公害への対策をとってこなかった

足尾銅山鉱毒事件は、明治時代に発生した公害問題です。栃木県の足尾銅山から出る化学物質が渡良瀬川に流れ込み、魚や流域の農作物、さらに周辺の人々の健康に大きな被害をあたえました。住民たちは公害反対運動を行い、地元出身の政治家である田中正造は国に被害をうったえましたが、当初は、国や企業は責任を認めず、十分な対策は行われませんでした。

---

1 公害病と認められている人 (各年末現在)

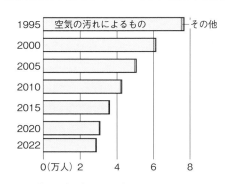

環境省「環境白書」より作成。

企業や国に対して、責任を問う声が高まっていきました。

　人々の声を受けて、1967年に公害を規制する「公害対策基本法」が初めてつくられました。この法律によって、空気や水の汚れなど典型7公害と呼ばれる公害に対して、企業や国が果たさなくてはならない義務が明らかにされました。続けて、「大気汚染防止法」や「水質汚濁防止法」などが制定され、公害を防ぐための法律が整っていきました。企業は、公害への対策に取り組むようになり、公害を防ぐ技術の開発などに力を入れ始めます。1971年には環境庁が設立され（2001年に環境省とな

②四大公害病

石油化学コンビナートから出る煙にふくまれる硫黄酸化物が原因で、周辺に住む多くの人がぜんそく（せきが止まらなくなる病気）に苦しみました。

鉱山から流れ出た廃水にふくまれるカドミウムが、飲み水やお米を通して人の体に入りました。骨がもろくなり「いたい、いたい」といって苦しんだことから「イタイイタイ病」と呼ばれるようになりました。

（三重県四日市市）
四日市ぜんそく

（富山県神通川流域）
イタイイタイ病

水俣病
（熊本県水俣市）

第2水俣病〈新潟水俣病〉
（新潟県阿賀野川流域）

化学工場から流れ出たメチル水銀化合物が魚や貝にたまり、それを食べた人が手足のまひなど神経系の障害をうったえ、多くの人が亡くなりました。

四大公害病は1950年代から60年代にかけて問題が表面化し、地域の住民に大きな被害が発生しました。現在でも、これらの公害による健康被害に苦しんでいる人がいます。

る)、1974年には「公害健康被害補償法」が定められました。

複雑化する環境問題に対応できるように、1993年には公害対策基本法にかわって「環境基本法」が定めら

れました。これは、国際的な環境問題をふくめて、環境に優しい社会を実現するために、国や事業者、国民が負う責任と義務を明らかにする環境の基本的な法律です。

③大気汚染の環境基準達成率

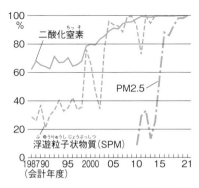

環境省の資料より作成。自動車排出ガス測定局。環境基準は、空気の中にこれ以上有害物質があると人の健康に悪い影響をあたえるという数値で、環境基準より良い結果が出た測定局の割合を環境基準達成率と言います。

④公害に対する苦情の内訳

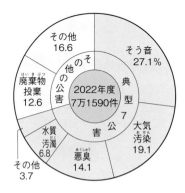

公害等調整委員会の資料より作成。典型7公害のその他には、土壌汚染（土の汚れ）、振動（からだに感じるゆれ）、地盤沈下があります。その他の公害のその他には、日照不足、通風妨害、違法電波などがあります。

GX（グリーントランスフォーメーション）

　GXとは、二酸化炭素が多く出る化石燃料（石油や石炭など）をできるだけ使わずに、クリーンなエネルギー中心の社会に変える脱炭素と、経済成長を同時に実現しようという動きのことです。日本では、2023年5月に「GX推進法」が成立しました。GX推進法では、GXの技術を開発する企業を支援して先行投資を呼び込むほか、将来的に炭素を排出するとお金がかかるような仕組みを作り、脱炭素の経済的な価値を高めることで、GXへの取り組みが企業の利益につながることを目指しています。

ごみ（廃棄物）とリサイクル

日本では、1980年代後半から90年代初頭にかけて、バブル景気により生産活動や消費が増大し、ごみ（廃棄物）の量が増えました。それによって、不法投棄やごみの最終処分場の残量が少なくなるなどの問題が発生しました。そんな「大量生産・大量消費・大量廃棄」型の社会から脱却することを目指して、2000年に「循環型社会形成推進基本法」が制定されました。これは、リデュース（ごみの量をおさえる）、リユース（一度使ったものを再使用する）、リサイクル（ごみを別のものに再生利用する）の３Rを基本原則とした、循環型社会の形成を目指すものです。

5 循環型社会の仕組み

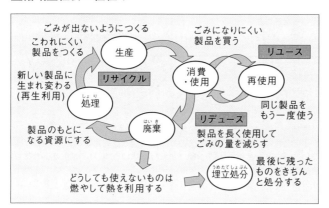

ごみが出ないようにつくる
こわれにくい製品をつくる
生産
ごみになりにくい製品を買う
リユース
新しい製品に生まれ変わる（再生利用）
リサイクル
消費・使用
再使用
処理
同じ製品をもう一度使う
製品のもとになる資源にする
廃棄
リデュース
製品を長く使用してごみの量を減らす
どうしても使えないものは燃やして熱を利用する
埋立処分
最後に残ったものをきちんと処分する

環境省の資料より作成。**循環型社会**とは、ものを大切に使い、使い終わったものでも、もう一度使えるようにしていく社会のことです。**リデュース、リユース、リサイクル**は、**３R**（スリーアール）と言われ、循環型社会を形成するためのキーワードとなっています。

6 おもな種類別のリサイクル法 （2023年12月現在）

種類別のリサイクル法		
	容器包装リサイクル法	PETボトル、プラスチック容器、包装紙など
	家電リサイクル法	テレビ、エアコン、冷蔵庫、洗濯機の家電４品目
	食品リサイクル法	レストランやスーパーからの生ごみ、残飯など
	建設リサイクル法	コンクリート、アスファルト、木材など
	自動車リサイクル法	使用済みの自動車から出るごみ
	小型家電リサイクル法	パソコン、携帯電話、デジタルカメラなど

また、1990年代後半以降、容器包装、家電、食品、自動車など、それぞれの特性に合わせたリサイクル法が制定されました。結果、ごみの排出量や最終処分量は年々減少しています。環境省によると、2021年度に出たごみの量は前年より1.7％減少、最終処分量は5.9％減少しました。

⑦一般廃棄物の排出量（会計年度）

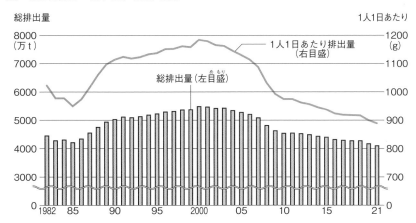

環境省の資料より作成。事業所からのごみと家庭から出るごみの合計です。直接に処理場に持ち込むごみと、資源ごみの集団回収量をふくみます。2011年度以降は災害廃棄物をふくみません。

⑧産業廃棄物の処理状況（会計年度）

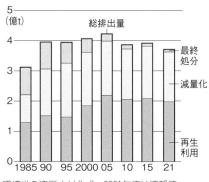

環境省の資料より作成。2021年度は速報値。

⑨産業廃棄物の種類別割合

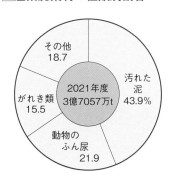

環境省の資料より作成。速報値。

地球の環境問題

18世紀後半の産業革命以降、人間の活動が著しく活発になったことで、地球環境にさまざまな悪影響がおよびました。特に、地球の気温が上昇し続ける地球温暖化は、多くの問題の根本となっています。地球温暖化は、エネルギーの元になる化石燃料の使用量が増加し、二酸化炭素（CO_2）やメタンなどの温室効果ガスが増えすぎたことで引き起こされました。地球温暖化によって、氷が溶けて海面が上昇しているほか、猛暑、洪水、干ばつなどの異常気象が各地で増えました。この影響で、水、食糧、人々の健康などをおびやかす深刻な問題が起きています。

1992年に、「気候変動に関する国際連合枠組条約」が採択され、地球温暖化対策は世界の共通課題となりました。1997年の「京都議定書」では、先進国に対する温室効果ガスの

⑩おもな地球環境問題

- ●産業・経済が発展し、生活が豊かになる
- ●人口が急速に増える

→ 地球の気温が上がる（地球温暖化）
→ 森林少なくなる
→ 土地がやせて、砂漠化が進む
→ 酸性雨が降る
→ オゾン層がうすくなる

- ●多くの動物や植物が絶滅の危険
- ●人間の健康への影響

⑪世界の気温の変化（平均気温平年差）

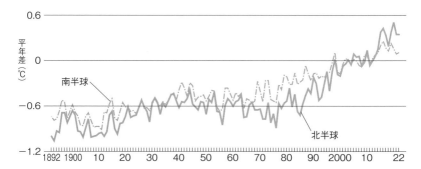

気象庁の資料より作成。それぞれの年の平均地上気温（陸地における地表付近の気温と海面水温の平均）の、平年値（1991～2020年の30年平均値）との差を表したグラフです。

削減目標が定められました。さらに、先進国だけでは地球温暖化を食い止められないため、2015年には途上国も参加する「パリ協定」が採択されました。パリ協定は、世界の気温上昇を産業革命前に比べてプラス

12 世界の温室効果ガス排出量

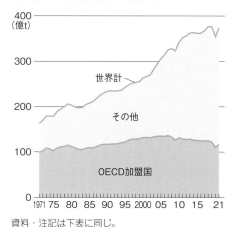

資料・注記は下表に同じ。

13 おもな国・地域の温室効果ガス排出量の割合

資料・注記は下表に同じ。

14 おもな国・地域の温室効果ガス排出量（CO_2換算）（単位　百万 t ）

	1971	1990	2021	燃料燃焼によるCO_2排出量	1人あたり（t）	GDPあたり1)（kg）
中国	901	2 333	11 314	10 649	7.54	0.67
アメリカ合衆国	4 600	5 115	5 018	4 549	13.76	0.22
ＥＵ（27か国）	—	3 570	2 664	2 579	5.76	0.18
インド	216	626	2 427	2 279	1.62	0.81
ロシア	—	2 643	2 228	1 678	11.70	1.12
日本	765	1 064	1 012	998	7.95	0.22
世界計	**16 267**	**23 362**	**37 401**	**33 572**	4.26	0.39
うちOECD加盟国	9 847	11 665	11 642	10 848	7.91	0.21

国際エネルギー機関（IEA）の資料より作成。二酸化炭素排出量（CO_2）に換算した数値。世界計にはその他の国をふくみます。EUとOECDは、2022年現在の加盟国の合計でさかのぼって算出されています（215ページ4を参照）。温室効果ガス排出量には、燃料燃焼による非CO_2温室効果ガスと、温室効果ガス漏えいをふくみます。1）GDP（国内総生産）1米ドル（2015年価格）あたり。

2℃未満、できれば1.5℃におさえることを目標にしています。しかし、気温の上昇は止まりません。

現在、多くの国や企業が、脱炭素化（二酸化炭素の排出量をおさえること）に向けて取り組んでいます。

2023年にアラブ首長国連邦で開催されたCOP28（気候変動対策を話し合う国連会議）では、2030年までに再生可能エネルギーによる発電容量を3倍にするという目標に、110か国以上が合意しました。

15 日本の温室効果ガス排出量の推移（会計年度）

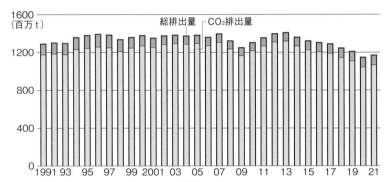

環境省の資料より作成。二酸化炭素（CO₂）換算。総排出量には、CO₂のほか、メタン、一酸化二窒素、代替フロン等4ガスの排出量をふくみます。データは毎年見直されるので注意が必要です。

16 日本の二酸化炭素（CO₂）の部門別排出量（会計年度）（単位 百万t）

	1990	2013	2020	2021	（％）	(参考)2021配分前	（％）
工場など	503	464	354	373	35.1	269	25.3
自動車・船ぱくなど	208	224	183	185	17.4	178	16.7
商業・サービスなど	131	237	184	190	17.9	60	5.6
家庭	129	208	167	156	14.7	52	4.8
発電所、製油所など	96	106	82	89	8.4	430	40.4
計	1 163	1 317	1 042	1 064	100.0	1 064	100.0

環境省の資料より作成。計にはその他をふくみます。CO₂の排出量を、電力や熱の消費量に応じて各部門に配分した後の数値です。配分前の数値は電力や熱の生産者からの排出としてみたものです。

2023年5月に広島市で開かれた主要7か国首脳会議（G7サミット）は、重要な議題の一つにウクライナ情勢を取り上げました。招待国ウクライナのゼレンスキー大統領は、オンライン参加ではなく、実際に日本を訪れて直接各国首脳と話し合い、支援の継続を訴えました。写真は、招待国首脳らをまじえた会合で、言葉を交わすインドのモディ首相とゼレンスキー大統領（共同通信社提供）。

1

世界の国々

世界の国々

　国とは、決まった土地（領土・領域）のなかで、同じ決まりのもとに生活している人々（国民）の集まりで、ほかの国に影響されない独立した権力（主権）を持ちます。

　2023年末現在、世界には日本と北朝鮮をふくめて197の独立国があります。日本は自国のほか195か国を国として承認していますが、北朝鮮は国として認めていません。しかし、北朝鮮は国際連合に国として加

イランとサウジアラビア、国交再開へ　2016年に国交を断絶したイランとサウジアラビアは、2023年3月、中国の仲介のもと、国交正常化に合意しました。中東の主導権を争う両国の激しい対立は、中東諸国を大きく分断して「代理戦争」と言われる状況を生んできました。今後、両国の関係改善が求められています。

1 世界の人口の動き

国連 "World Population Prospects 2022" より作成。推計人口。2022、2023年は中位予測人口です。

盟していることから、本書では1か国と数えています。さまざまな理由によって、日本は台湾やパレスチナも国家として認めていません。2023年末現在、台湾と国交を結んでいる国は13か国です。中国が台湾を国の一部としているため、多くの国は台湾との国交をやめて、中国と国交を結んでいます。パレスチナは、139か国が国家として認めています。

②世界の国の数・面積・人口

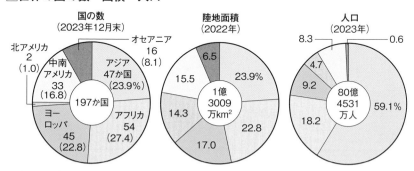

国の数
（2023年12月末）

北アメリカ
2
（1.0）
オセアニア
16
（8.1）
中南
アメリカ
33
（16.8）
アジア
47か国
（23.9%）
ヨー
ロッパ
45
（22.8）
アフリカ
54
（27.4）
197か国

陸地面積
（2022年）

6.5
23.9%
15.5
14.3
22.8
17.0
1億
3009
万km²

人口
（2023年）

8.3
0.6
4.7
9.2
18.2
59.1%
80億
4531
万人

面積は国連 "Demographic Yearbook 2022" より作成。人口は208ページ①に同じ。北朝鮮をふくむデータです。北アメリカは、アメリカ合衆国とカナダ。

③面積の大きい国 （2022年）

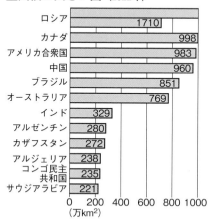

ロシア	1710
カナダ	998
アメリカ合衆国	983
中国	960
ブラジル	851
オーストラリア	769
インド	329
アルゼンチン	280
カザフスタン	272
アルジェリア	238
コンゴ民主共和国	235
サウジアラビア	221

0 200 400 600 800 1000
（万km²）

資料は上図に同じ。内水面をふくむ面積。

④人口の多い国 （2023年）

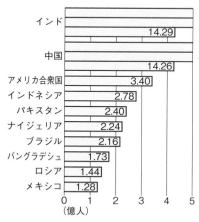

インド	14.29
中国	14.26
アメリカ合衆国	3.40
インドネシア	2.78
パキスタン	2.40
ナイジェリア	2.24
ブラジル	2.16
バングラデシュ	1.73
ロシア	1.44
メキシコ	1.28

0 1 2 3 4 5
（億人）

日本はメキシコ、エチオピアに次いで1.23億人。

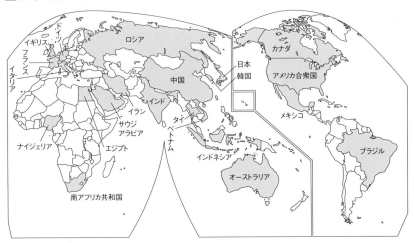

①面積（2022年）、②人口（2023年）、③首都、④１人あたり国民総所得（GNI、2021年）

日本国[1]	世界有数の経済大国。GDPでは、アメリカ合衆国、中国に次いで世界第３位（2021年）。	**中華人民共和国（中国）**	中国共産党の党首である総書記が国の最高指導者。近年、国際社会で存在感を高める。
① 37.8万km² ② １億2329万人 ③ 東京 ④ ４万1162ドル		① 960.0万km² ② 14億2567万人 ③ 北京（ペキン） ④ １万2324ドル	
大韓民国（韓国）	事実上の分断国家。北緯38度に軍事境界線がある。大手の財閥企業に依存する経済体質。	**インドネシア共和国**	大小１万7000以上の島々から成り、広大な熱帯雨林を持つ。世界最大のイスラム国家。
① 10.0万km² ② 5178万人 ③ ソウル ④ ３万5329ドル		① 191.1万km² ② ２億7753万人 ③ ジャカルタ ④ 4217ドル	
タイ王国	国王を元首とする仏教国。2023年選挙で新政権が誕生したが、軍の政治的影響力は大きい。	**ベトナム社会主義共和国**	社会主義国家。市場経済システムのもと、低賃金の労働力で、海外企業を誘致している。
① 51.3万km² ② 7180万人 ③ バンコク ④ 6818ドル		① 33.1万km² ② 9886万人 ③ ハノイ ④ 3564ドル	
インド	ヒンディー語が公用語で、ほかに公認語が21。2023年、人口が中国を上回り、世界一。	**イラン・イスラム共和国**	国の最高指導者は、イスラム教シーア派（国教）の聖職者の中から選ばれる。
① 328.7万km² ② 14億2863万人 ③ ニューデリー[2] ④ 2239ドル		① 163.1万km² ② 8917万人 ③ テヘラン ④ 6556ドル	

①面積（2022年）、②人口（2023年）、③首都、④１人あたり国民総所得（GNI、2021年）

サウジアラビア王国 ① 220.7万km² ② 3695万人 ③ リヤド ④ ２万3642ドル	世界有数の産油国。国王による絶対君主制で国会は存在しない。イスラム教が国教。	**エジプト・ アラブ共和国** ① 100.2万km² ② １億1272万人 ③ カイロ ④ 3778ドル	国土の90%以上が砂漠。中東・アフリカ地域の問題で、中心的な役割を果たす。
ナイジェリア 連邦共和国 ① 92.4万km² ② ２億2380万人 ③ アブジャ ④ 1868ドル	アフリカで最も人口が多い。世界有数の石油資源を持ち、アフリカ最大の産油国。	**南アフリカ共和国** ① 122.1万km² ② 6041万人 ③ プレトリア ④ 6920ドル	プラチナなどの鉱物資源が豊富。1994年にアパルトヘイト（人種隔離）政策を撤廃。
イギリス³⁾ （英国） ① 24.4万km² ② 6774万人 ③ ロンドン ④ ４万6338ドル	国王が国家元首。イングランド、スコットランド、ウェールズ、北アイルランドで構成。	**フランス共和国** ① 55.2万km² ② 6476万人 ③ パリ ④ ４万5535ドル	西ヨーロッパ最大の農業国。移民問題を抱え、若者を中心に高い失業率が慢性的に続く。
ドイツ連邦共和国 ① 35.8万km² ② 8329万人 ③ ベルリン ④ ５万2885ドル	ヨーロッパ最大の工業国で貿易大国。ＥＵの統合や財政規律の強化で中心的な役割。	**イタリア共和国** ① 30.2万km² ② 5887万人 ③ ローマ ④ ３万6216ドル	古代からの文化財が豊富で、世界から多くの観光客が訪れる。南北間で経済力に差がある。
ロシア連邦 ① 1709.8万km² ② １億4444万人 ③ モスクワ ④ １万1960ドル	世界で一番広い国。原油と天然ガスなどのエネルギー大国。2022年２月にウクライナ侵攻。	**アメリカ合衆国 （米国）** ① 983.4万km² ② ３億4000万人 ③ ワシントンD.C. ④ ７万81ドル	50州とワシントンD.C.で構成される。世界最大の経済大国。中国との経済対立が常態化。
カナダ ① 998.5万km² ② 3878万人 ③ オタワ ④ ５万1741ドル	アメリカとの経済の結びつきが強い。天然ガスや原油などの鉱物資源が豊富。	**メキシコ合衆国** ① 196.4万km² ② １億2846万人 ③ メキシコシティ ④ 9956ドル	米国、カナダとの３国間で自由貿易協定を結ぶ。米国と経済政策や移民問題で対立。
ブラジル連邦共和国 ① 851.0万km² ② ２億1642万人 ③ ブラジリア ④ 7305ドル	南米最大の経済規模。主要産業は製造業、鉱業、農牧業（砂糖、コーヒーなど）。	**オーストラリア連邦** ① 769.2万km² ② 2644万人 ③ キャンベラ ④ ６万4490ドル	石炭や鉄鉱石など資源が豊富。農畜産業が盛んで、小麦と牛肉の輸出は世界有数。

面積の資料は209ページ②に同じ。人口は208ページ①に同じ。首都は外務省資料による。１人あたりGNI（44ページ参照）はアメリカドル換算で、国連資料より作成。1）面積は北方領土をふくむ。2）デリーとも表される。3）正式な国名は、グレートブリテン及び北アイルランド連合王国。

第8章／世界のすがた

2

こくさい
国際協力

国際連合（国連）

　国際連合（国連）は、戦争が起きない世界をつくるため、すべての国をつなぐ国際組織が必要であるという考えから、第二次世界大戦が終わった1945年につくられました。設立当時の加盟国は51か国で、日本は、1956年に80番目の加盟国となりました。2023年末時点での国連の加盟国数は193か国です。

　国連は、総会、安全保障理事会、経済社会理事会、国際司法裁判所などの主要機関と、ほかに多くの専門機関や補助機関で成り立っています。

①国連分担金の割合

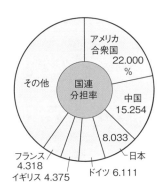

国連の資料より作成。2022年から2024年の通常予算分担率。

第8章／世界のすがた

2
国際協力

国際連合（国連）

　国際連合（国連）は、戦争が起きない世界をつくるため、すべての国をつなぐ国際組織が必要であるという考えから、第二次世界大戦が終わった1945年につくられました。設立当時の加盟国は51か国で、日本は、1956年に80番目の加盟国となりました。2023年末時点での国連の加盟国数は193か国です。

　国連は、総会、安全保障理事会、経済社会理事会、国際司法裁判所などの主要機関と、ほかに多くの専門機関や補助機関で成り立っています。

①国連分担金の割合

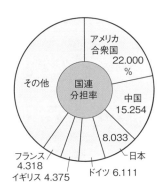

国連の資料より作成。2022年から2024年の通常予算分担率。

国連の代表者は事務総長と呼ばれ、現在はアントニオ・グテーレス氏です（任期は2026年末まで）。安全保障理事会の5か国の常任理事国（アメリカ合衆国、イギリス、中国、フランス、ロシア）は、拒否権を持っています。国連の決議に5か国のうち1か国でも反対すると、決議は否決されます。近年、拒否権の使用回数が増加しています。

② おもな国際連合の機関と関連する機関 （2023年12月末現在）

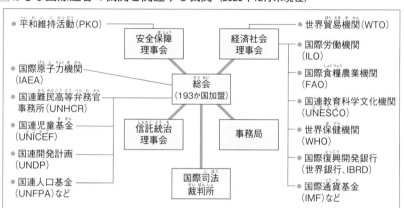

- 平和維持活動（PKO）
- 安全保障理事会
- 経済社会理事会
- 世界貿易機関（WTO）
- 国際原子力機関（IAEA）
- 国際労働機関（ILO）
- 総会（193か国加盟）
- 国際食糧農業機関（FAO）
- 国連難民高等弁務官事務所（UNHCR）
- 国連教育科学文化機関（UNESCO）
- 国連児童基金（UNICEF）
- 信託統治理事会
- 事務局
- 世界保健機関（WHO）
- 国連開発計画（UNDP）
- 国際復興開発銀行（世界銀行、IBRD）
- 国連人口基金（UNFPA）など
- 国際司法裁判所
- 国際通貨基金（IMF）など

総会
国連のすべての加盟国からなり、あらゆる国があらゆる問題について発言することができる国連の中心的な機関。大きな国も小さな国もすべての国が1票の投票権を持っています。毎年9月ごろに会議が開かれ、安全保障理事会のすすめにもとづいて、新しい加盟国を認める決定や事務総長の任命などを行います。

● 国際復興開発銀行（世界銀行、IBRD）加盟国にお金を貸す銀行の役目をする機関。日本やアメリカ合衆国などの豊かな国がお金を出し合い、これから経済を発展させるために国々を助けることを目的としています。

● 国際原子力機関（IAEA）原子力の平和的利用をすすめる機関。原子力は多くの国で発電に利用されていますが、そこであつかわれる核（かく）物質は、核爆弾（ばくだん）の原料にもなります。軍事目的に利用されないために、国連総会の決定によって疑わしい国に入り、強制的に調査をすることができます。

安全保障理事会
世界の平和と安全にかかわる問題をあつかう機関。15の理事国からなり、そのうち中国、フランス、ロシア、イギリス、アメリカ合衆国の5か国は常任理事国です。ほかの10か国は2年の任期で総会において選ばれます。常任理事国は拒否権（1国でも反対すると、賛成が多くても決定できない権利）を持ちます。

● 平和維持活動（PKO）安全保障理事会の決定にもとづいて、争いがあった国や地域につくられます。争っている人びとから武器を取り上げることや、地域を見まわって安全を守ることなどがPKOの仕事です。

● 世界貿易機関（WTO）貿易の自由化をすすめる役割をする機関。モノ以外に、サービスなどの貿易についても、規制が行きすぎていないかなど各国のうごきに注意を配っています。貿易にかかわるもめごとに対して、WTOの規則をやぶっていると判断した場合は、強制手段を取ることができます。

その他の国際協力

国連のほかにも、同じ目的を持つ国や組織が、支援や協力を行っています。地球温暖化や紛争、テロなどの問題に対しては、関係国が集まって協議を続けています。しかし、各国が自国の利益を優先して話し合いが進まないことが多く、地球温暖化防止対策などは、なかなか前進して いません。また、地震や洪水などの自然災害が起きた時は、緊急な国際協力が求められます。

国際組織は、地域単位でも作られています。EU（欧州連合）やASEAN（東南アジア諸国連合）などがその代表です。ほかにも、OAS（米州機構で加盟はアメリカ大陸の35か国）、AU（アフリカ連合）、OIC（イスラム協力機構）などがあります。

ODA（政府開発援助） ODAは、途上国の発展のために政府が行う国際協力です。無償（返さなくてもよい）資金や技術の提供、ゆるやかな条件で資金を貸し付ける制度があります。2023年、日本政府はODAの方針を定めた「開発協力大綱」を改定しました。相手国からの要請を待たずに、日本からインフラ整備などへの提案を行うことに力を入れています。

③ODA（政府開発援助）(2022年)

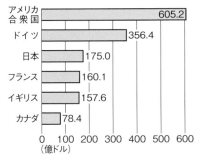

国	億ドル
アメリカ合衆国	605.2
ドイツ	356.4
日本	175.0
フランス	160.1
イギリス	157.6
カナダ	78.4

OECDの資料より作成。

パレスチナのガザ地区

中東パレスチナの「ガザ地区」は、2007年からイスラム組織「ハマス」が実効支配しています。ハマスは、イスラエルとの２国家共存に反対し、武力抵抗を続けてきました。一方、イスラエルはガザ地区との境界線を壁で封鎖し、ガザの上空や海岸線も支配しています。そのため、ガザ地区は「天井のない監獄」と呼ばれています。2023年10月、ハマスはイスラエルに対して大規模な攻撃を仕掛けました。その報復としてイスラエルは反撃を開始し、両側の市民の命や生活がおびやかされています。

4 おもな国際経済組織の加盟国 （2023年末現在）

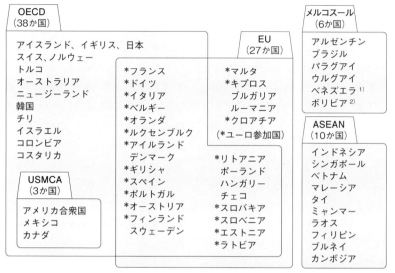

OECDは経済協力開発機構（設立1961年）。ASEANは東南アジア諸国連合（1967年）。EUは欧州（ヨーロッパ）連合（1993年）。イギリスは2020年1月31日にEU離脱。USMCAは米国・メキシコ・カナダ協定（2020年発効、旧NAFTA）。メルコスールは南米南部共同市場（1995年）。1）加盟資格停止中。2）正式加盟のために各国議会の批准待ち。

5 おもな国際経済組織の人口とGDP （国内総生産）

	人口 (2023)		GDP (2021)	
	万人	%	億ドル	%
OECD（38か国）	138 482	17.2	584 561	60.5
EU（27か国）	44 892	5.6	171 778	17.8
USMCA（3か国）	50 723	6.3	265 763	27.5
メルコスール（6か国）	31 371	3.9	23 482	2.4
ASEAN（10か国）	68 546	8.5	33 403	3.5
世界計	**804 531**	100.0	**966 980**	100.0
（参考）日本	12 329	1.5	49 409	5.1
（ 〃 ）中国	142 567	17.7	177 341	18.3

国連の資料より作成。加盟国は上図を参考にしてください。日本の人口も国連の推計値です。総務省による2023年7月1日現在の日本の推計人口は1億2456万人（概算）と発表されています。

さくいん

本書の内容や、引用転載等に関するお問い合わせは、
編集室までメールにてご連絡ください。
編集室メール：edit@yt-ms.jp

［編集］
矢野恒太記念会
編集長　岡田　康弘
　　　　白崎　あけみ
　　　　井口　萌奈
　　　　福地　早希子
　　　　トゥアー　英里奈ジュリエット
　　　　細谷　知広
　　　　大沼　昇一
　　　　有働　洋
［装丁］
クリエイティブ・コンセプト
　　　　根本　眞一
［カバーイラスト］
　　　　喜多　啓介

日本のすがた2024

―― 最新データで学ぶ社会科資料集 ――

2024年（令和6年）3月1日 第55版発行

編集・発行　公益財団法人　矢野恒太記念会
理事長　渡　邉　光一郎
編集長　岡　田　康　弘
〒100-0006　東京都千代田区有楽町1-13-1 第一生命本館
URL：https://yt-ms.jp

定価 1,320 円（本体 1,200 円＋税 10 ％）
印刷／大日本印刷株式会社

ページがぬけていたり、前後している本は、お取り替えいたします。

ISBN978-4-87549-248-1